Friedrich Wrubel

Die schioeizerische Nordbahn; ein Beitrag zur Vorgeschichte der Nordostbahn anlässlich des 50. Jahrestages, der Eröffnung der 1. schweizerischen Eisenbahn

Friedrich Wrubel

Die schioeizerische Nordbahn; ein Beitrag zur Vorgeschichte der Nordostbahn anlässlich des 50. Jahrestages, der Eröffnung der 1. schweizerischen Eisenbahn

ISBN/EAN: 9783743359154

Hergestellt in Europa, USA, Kanada, Australien, Japan

Cover: Foto ©ninafisch / pixelio.de

Friedrich Wrubel

Die schioeizerische Nordbahn; ein Beitrag zur Vorgeschichte der Nordostbahn anlässlich des 50. Jahrestages, der Eröffnung der 1. schweizerischen Eisenbahn

Die
Schweizerische Nordbahn

Ein Beitrag

zur

Vorgeschichte der Nordostbahn

anlässlich des 50. Jahrestages
der Eröffnung der ersten schweizerischen Eisenbahn

nach amtlichen Quellen bearbeitet

von

Dr. **Friedrich Wrubel**.

II. Auflage.

ZÜRICH
Druck und Verlag von Zürcher & Furrer
1897.

Die erste schweizerische Eisenbahn*).

I.

Die Bestrebungen, auch in der Schweiz Schienenwege zu bauen, datieren aus dem Jahre 1836, und zwar handelte es sich damals nicht etwa bloss um die Linie Zürich-Baden-Basel, sondern, wie wir bald sehen werden, auch um andere. Bewundernswert ist der Scharfblick der verschiedenen Initianten, mit dem sie damals gleich die wichtigsten Linien erkannten und projektierten, Bahnen, die später wirklich auch so ausgeführt wurden, wie sie ursprünglich geplant waren. Eines der ersten Projekte wurde auf einer Versammlung in Rorschach behandelt, wie aus folgender kurzen Notiz in Nr. 11 der „Neuen Zürcher Zeitung" vom 25. Januar 1836 hervorgeht: „Im Kanton St. Gallen hat eine in *Rorschach* gehaltene Versammlung Einleitungen getroffen, um die Möglichkeit von Eisenbahnen (zwischen Rorschach und St. Gallen und durchs Rheinthal) und der Anwendung von Dampfwagen zu beraten." Jenseits des Bodensees arbeitete man damals an der Erstellung einer Bahn von Augsburg nach Lindau und suchte, wie aus einem Schreiben des Komitévorstandes der Augsburg-Lindauer Eisenbahngesellschaft an das kaufmännische Direktorium hervorgeht, den zürcherischen Handelsstand dafür zu interessieren. Die Handelskammer des Kantons Zürich trat aber für eine eigene schweizerische Bahn in Aktion und beauftragte unterm 11. März 1836 eine besondere Kommission, Bericht und Antrag darüber zu hinter-

---

*) Die 1,8 km lange, am 15. Juni 1844 eröffnete Strecke St. Ludwig-Basel-(St. Johann) fällt als Teilstück der Linie Strassburg-Basel hier nicht in Betracht.

bringen: „1. ob das System der Eisenbahnen im allgemeinen für die Schweiz anwendbar sein könne; 2. ob mit spezieller Beziehung auf den Kanton Zürich eine auf Aktien zu gründende Eisenbahn von Basel über Zürich und von Winterthur an den Bodensee einige Wahrscheinlichkeit des Erfolges darbieten würde; 3. ob und welche Einleitungen von Seiten der Handelskammer zu treffen seien". Das verlangte Gutachten wurde schon am 2. Mai gleichen Jahres der Handelskammer schriftlich eingereicht. Der „Republikaner" begleitete die Nachricht davon mit der Auslassung:

„Die Errichtung einer Eisenbahn von Basel nach Zürich und Chur und von Zürich über Winterthur an den Bodensee, diese Frage, welche von den einsichtsvollsten Kaufleuten und Fabrikanten als eine Lebensfrage für die Industrie der Schweiz anerkannt wurde, kömmt nun bald zur Berathung der Handelskammer, welche auf Montag den 16. einberufen ist. Es ist unstreitig wahr, dass solche Unternehmungen, wo sie auf einem soliden Bedürfnisse ruhen, von den grössten Folgen sein müssen und eine solche Eisenbahnstrasse würde allerdings der Schweiz den Transit sichern, insofern unsere Nachbarn ihn nicht mit Gewalt abschneiden wollen. Leider indes: Alles nach dem eignen Lande hinziehen, in demselben zu erhalten, sind Grundsätze, die in grossen Ländern immer mehr Anklang finden, und je mehr sie aufkommen, um so schwieriger wieder zu ändern sind."

Die Handelskammer richtete in ihrer Sitzung vom 16. Mai auf Grund des erhaltenen Gutachtens und zum Teil unter wörtlicher Benützung seines Textes folgendes Schreiben an den Regierungsrat:

Herr Bürgermeister!
Hochgeachtete Herren!

Unter den der Handelskammer laut dem Gesetze vorgeschriebenen Pflichten und Befugnissen steht diejenige voran, *den Handel und Gewerbsfleiss im Canton im* weitesten Sinne des Wortes zu begründen und zu beleben; diese ernste und grosse Aufgabe hat daher auch die Handelskammer stets — soviel in ihren Kräften lag — zu lösen gestrebt und in dieser Hinsicht in der letzten Zeit neben anderm auch ihr Augenmerk vorzüglich auf eine der wichtigsten Erfindungen der neuern Zeit — *die Eisenbahnen* — gerichtet, welche bestimmt sind, dem Handel und der Industrie in allen Ländern eine ganz neue Richtung und einen höhern Aufschwung zu geben.

Wenn wir auch gleich bey der ersten Anregung der Sache den grossen Nutzen der Eisenbahnen für alle Handel und Industrie treibenden Länder uns nicht verbergen konnten, so steigerte sich diese Ansicht immer mehr zu dem Wunsche, dass auch unser Vaterland und unser Canton ins Besondere an diesen neuen Entwicklungen des Jahrhunderts Theil nehmen möchte, als wir bey näherer Prüfung der Verhältnisse die volle Überzeugung gewonnen, dass es eine Lebensfrage für die Industrie der Schweiz sey, eine solche Entwicklung zu befördern, und dass kein Land geeigneter seyn dürfte, die Verbindungen zwischen dem Norden und Süden, zwischen Osten und Westen durch Eisenbahnen gut und zweckmässig zu erzielen, als eben die Schweiz. Bei dem grossen Eifer, welcher gegenwärtig in Frankreich, Baden, Würtemberg und Baiern für diese Unternehmungen herrscht, ist es selbst dringend nothwendig, das die Schweiz nicht zurück bleibe, wenn sie nicht völlig auf die Seite geschoben werden will, desshalb muss sie sich dieser Verbindung zwischen dem Norden und dem Süden auch zuerst bemächtigen. Aus diesem allgemein industriellen Standpunkte aufgefasst kann von keinem andern Hauptstrassenzuge mehr als von demjenigen zwischen Basel und Chur die Rede seyn, der sich dem Rhein, der Aare und der Limath nach auf Zürich ziehen, hier die Wasserstrasse bis Wallenstadt benutzen und von da wieder auf einer Bahn nach Chur gehen würde, allein in specieller Beziehung auf den Canton Zürich biethet die Verbindung über Winterthur mit dem Bodensee nicht minder beachtenswerthe Vortheile dar, indem hiedurch der bedeutende Transport von Korn, Holz, Salz und andern Lebensmitteln, sowie von Kaufmannsgütern in der Richtung von Norden und Osten nach dem Westen in die Schweiz gezogen, und die Communication im Innern des Cantons für Menschen und Landesprodukte ungemein erleichtert würde.

Dass eine solche Unternehmung die bekannte und hiefür überall als am passendsten erachtete Form einer Aktiengesellschaft haben müsse, versteht sich von selbst, nahmentlich in einem Staate wie der unsrige muss dessen Ausführung der freyen Betriebsamkeit der Bürger anheimfallen.

Jedoch halten wir es dem Interesse des Unternehmens angemessen, dass die Handelskammer — bevor die Sache einer Aktiengesellschaft in die Hände gegeben wird — die erforderlichen Vorarbeiten durch von ihr ausgehende Veranstaltungen vollziehen lasse, um einerseits nicht durch einen unzeitigen Schwindel dem ganzen Unternehmen gleich von Anfang an eine falsche Richtung zu geben, anderseits bei demjenigen Theile des Publicums, von welchem die Mittel zur Ausführung herfliessen müssen, den erforderlichen Credit zu erwerben und demselben dadurch den Erfolg zu sichern. Auch können die Kosten solcher Vorarbeiten nicht gleich anfangs den Particularen zugemuthet werden, wo der erste Impuls nicht von ihnen kömmt, und die Neuheit der Sache das unmittelbare Einschreiten des Publicums noch lange unmöglich machen würde.

Der Industrie-Fond dagegen ist ausschliesslich solchen Zwecken gewidmet und dürfte daher die erforderlichen Vorschüsse machen, welche ihm beym Gelingen der Unternehmung auf zu bestimmende Weise wiederum remboursirt würden.

Diesen Betrachtungen schliesst sich dann noch der natürliche Wunsch an, dass wenn auch, wie schon bemerkt, die Regierungen diese Unternehmungen nicht directe ins Leben zu rufen im Falle sind, dennoch ihre kräftige Unterstützung und geeignete Mitwirkung nicht mangle. Denn blicken wir näher auf die eigenthümlichen Verhältnisse unseres Landes, so sehen wir, dass ohne *thätige Mitwirkung von Seiten sämmtlicher Cantons-Regierungen eine blosse Privatgesellschaft mit den sich entgegenstellenden Hindernissen nie fertig werden könnte.* Mit Beziehung auf diese sämmtlichen Verhältnisse und geäusserten Ansichten geben wir uns die Ehre, folgendes Ansuchen an Sie zu stellen:

es möchte der h. Regierungs-Rath zur Bestreitung und Möglichmachung der nöthigen Vorarbeiten zur Errichtung einer Eisenbahn von Basel nach Zürich und Chur und von Zürich über Winterthur an den Bodensee der Handelskammer einen Credit von 16,000 Fr. als Vorschuss bey dem Industrie-Fond eröffnen, ferner möchte der h. Regierungs-Rath für die nöthigen Empfehlungen an die betreffenden Cantons-Regierungen seiner Zeit besorgt seyn, damit auch in den andern Cantonen dies Project freundliche Aufnahme finde, und den mit diesen Vorarbeiten Beauftragten die nöthige Unterstützung zu Theil werde. —

In der Voraussetzung, dass dieser Antrag Ihre Genehmigung erhalten werde, haben wir bereits Verfügungen getroffen, dass dieser Gegenstand nicht aufgehoben bleibe, und die nöthigen Einleitungen und Vorarbeiten bald möglichst begonnen werden können.

Indem wir — auf Ihre bekannte Bereitwilligkeit zur Unterstützung jeder zeitgemässen und allgemein nützlichen Entwicklung und Bestrebung bauend — Ihre Geneigtheit auch für dieses grosse Unternehmen ansprechen, haben wir die Ehre, Sie Tit. unserer vollkommensten Hochachtung zu versichern.

Im Namen der Handelskammer:

Der Präsident: *E. von Muralt.*
Der Actuar: *E. Hirzel.*

Diese Eingabe veranlasste den Zürcher Regierungsrat am 19. Mai zu dem Beschlusse: „Es sei der Regierungsrath, wenn die Ausführbarkeit eines solchen

Unternehmens dargethan werden könne, geneigt, dasselbe mit allen zu Gebote stehenden Mitteln und Aufforderung anderer Kantone zu unterstützen. Was nun aber den nachgesuchten Vorschuss zu den Vorarbeiten anbelange, so finde er sich mit Hinsicht auf die durch das Budget gezogene Grenze nicht im Falle, solchen in dem verlangten Masse zu bewilligen, hingegen trage er kein Bedenken, seine Zustimmung auszusprechen, dass aus dem der Handelskammer eröffneten Credite zu den Voruntersuchungen einstweilen eine Summe bis auf Fr. 5000 verwendet werde, wonach im Falle eines weitern Bedürfnisses die Handelskammer einen motivierten Bericht zu erstatten eingeladen wäre."

Noch bevor dieser Beschluss bekannt war, tauchte ein anderer Vorschlag auf. Die „Freitagszeitung" vom 20. Mai 1836 schrieb:

„Wenn auch das Project einer Eisenbahn von hier, längs den Ufern der Limmat, Aare und des Rheins, alle Aufmerksamkeit verdient, so wäre unseres Ermessens noch vorher zu untersuchen, ob nicht die genannten 3 Flüsse so vertieft und ihr Bett so verbessert werden könnte, dass sie mit Dampfbooten befahren werden könnten. Würde die Limmat vom Kloster Fahr bis unterhalb des Dorfes Unter-Oetweil mittelst eines Kanals eine bessere Richtung erhalten, so würden dadurch noch andere wichtige Vortheile erreicht werden. Die Hindernisse, welche der sogenannte Kessel oberhalb Würrenlos und der Rheinfall bei Laufenburg verursachen, wären gewiss ohne grosse Kosten zu heben."

Die Handelskammer aber ging energisch vor und beauftragte schon am 24. Mai die Herren Negrelli und J. Eschmann, die ihrerseits den Ingenieur J. Sulzberger zuzogen, die Gegend von Zürich bis Basel einerseits und von Zürich über Winterthur und Frauenfeld nach dem Bodensee andererseits „zum Zwecke der Anlegung einer neuen Eisenbahn" zu begehen und über die „Praeliminar-Beaugenscheinigung" schriftlichen Bericht zu erstatten. Dies geschah. Schon am 10. Juni 1836 konnte die „Neue Zürcher-Zeitung" melden:

„Die Herren Negrelli und Aeschmann sind von ihrer Reise zur Voruntersuchung eines Eisenbahnzuges zwischen Basel und Zürich über Baden zurückgekehrt; sie haben sich überzeugt, dass man sich das Terrain nicht günstiger denken könnte. Die Bürgerschaft von Baden ist zu allen erforderlichen Opfern bereitwillig; dagegen scheinen in Aarau vornehme Personen weniger geneigt, das Projekt zu unterstützen. Noch mehr aber scheint es, dass Stadt-Basel nicht darauf eingehen will, weil es wohl die Strasse auf Luzern seinem speziellen Interesse angemessener glaubt, was, beiläufig zu sagen, beim Zürcherischen Handelsstand die Sympathie für Basel vermindern dürfte. Man vermuthet sogar, dass die Basler in Karlsruhe intriguiren. Zürich müsste suchen, die Strasse durch Basellandschaft oder, nach Umständen, am rechten Rheinufer anzulegen, wobei Basel am Ende erleben könnte, ganz umgangen zu werden."

Der Expertenbericht vom 12. Juli 1836 über das Trace Zürich-Winterthur-Frauenfeld-Bodensee, dessen Ausführung auf Fr. 3,400,000 veranschlagt wurde, schliesst mit der Erklärung: „— dass die Anlegung der beabsichtigten Bahn keineswegs unmöglich sei, dass die Bahnlänge und Richtung besonders hinsichtlich der Krümmungen ziemlich mässig sind, dass aber hingegen das Niveau an drei Stellen, nämlich von Zürich bis gegen Oerlikon, von Dübendorf bis gegen Moosburg und von Rauheneck bis gegen Frauenfeld fast die Gränzen berühre, welche die Benützung der Dampfwagen-Kraft noch zulassen, und dass demnach an diesen Stellen der Förderungsmoment des Wagentrains mit etwelcher Anstrengung der Maschinen und grösserer Consumation von Brennmaterialien wird erzeugt werden müssen. — Für den Transport mit Anwendung von Pferdekraft würde hingegen die Bahn sehr tauglich sein — indessen dazu kann man kaum anrathen, indem der Hauptzweck der Bahn, die Schnelligkeit, dadurch grösstentheils verloren gehen würde. Es versteht sich übrigens von selbst, dass diese Bahn durch jene von Basel nach Zürich mit Brennstoff versehen werden müsste, indem das Holz auf der ganzen Bahnlänge zu theuer ist, und nur mit Steinkohlen ersetzt werden kann, welche durch den Rhein und die Bahn von Basel nach Zürich aus Saarlouis bezogen werden würden. — Nun muss genau ausgemittelt werden, ob die Personen- und Waarenfrequenz auf die vorgeschlagene Bahnstrecke in lohnendem Verhältnis mit dem Anlagekapital und mit den Förderungs- und Unterhaltungskosten stehen, welche der erörterten Umstände wegen empfindlicher, als auf der Bahn von Zürich nach Basel ausfallen werden"; diese Frage sei aber eine ökonomische und die hochlöbliche Handelskammer allein zunächst in der Lage, die diesfälligen unerlässlichen Erhebungen aus bester Quelle zu schöpfen.

Das Projekt einer Bodenseebahn blieb auf Grund dieses Gutachtens vorläufig unberücksichtigt; dagegen bildete sich infolge Beschlusses einer auch von den beiden Basel, Aargau und Bünden beschickten Eisenbahnkonferenz ein siebenzehngliedriges „provisorisches Komite für eine Eisenbahn von Basel bis Zürich". Präsident desselben ward a. Bürgermeister Conrad von Muralt, Aktuar M. Esslinger. Diesem Komite wurde die Bewältigung aller Vorarbeiten aufgetragen, zunächst eine Unterschriftensammlung zu Gunsten des Unternehmens. Dass letzteres nicht von Allen begrüsst wurde, geht schon aus zwei kurzen Zeitungsnotizen des Jahres 1837 hervor. Die „Freitagszeitung" schrieb am 20. Oktober 1837: „Auch in Luzern denkt man darauf, zu einer Eisenbahn von Basel nach Luzern Hand zu biethen, um dadurch den Pass über den Gotthard nicht zu verlieren. Ein solches Unternehmen würde aber durch Uri scheitern, wenn es darauf bestände, die Dampfschiffahrt auf dem Waldstättersee durch seine Forderungen unmöglich zu machen; es ist zwar eine Auskaufssumme von Fr. 3000 für die Flühlerschiffergesellschaft anerboten worden; allein nach Uris bisherigem Benehmen ist es zweifelhaft, dass es annehme. Bereits indess spricht man von Retorsionsmassregeln, die Luzern und Tessin gegen Uri im Fall der Noth ergreifen würden. Das alles wäre freilich sehr übel für die Gotthardstrasse"; und am

27. des gleichen Monats: „Von der von beiden Basel, Aargau und Bündten besuchten Eisenbahnberathung ist ein Commite von 17 Mitgliedern ernannt worden, welches die Einladung zu vorläufigen Unterschriften einer Bahn von Basel nach Zürich besorgen soll. — Nach allem scheint sich das Partikularinteresse — aber vergeblich — dagegen zu rühren. — Luzern möchte Basel-Stadt umstimmen, auch Tessin hat sich desswegen nach dieser Stadt gewendet; aber es scheint, als ob sie dem Züricherprojekt sehr geneigt wäre. Auch St. Gallen sieht, wie wir bereits im letzten Blatt gemeldet, scheel zu der Sache, die indess früher, als man glaubt, zu Stand kommen dürfte. — Ganz richtig bemerkt der „Republikaner", dass diese Eisenbahn darum nicht Bahnen in andern Richtungen ausschliesse, im Gegentheil zu deren Errichtung ermuntern werde."

Am 9. November 1837 versandte das provisorische Komite eine gedruckte „Einladung zur Antheilnahme an einer ersten in der Schweiz zu erbauenden Eisenbahn zwischen Basel und Zürich". Wir geben dieses historische Aktenstück, diesen ersten schweizerischen Eisenbahngründungsprospekt, in seinem ganzen Umfange wieder. Er lautet:

„Im Laufe der letztverstrichenen Jahre sind auch auf dem Europäischen Festlande sehr zahlreiche Eisenbahnen angelegt worden, um Städten und Ländern die Wohlthaten dieses unendlich schleunigen Verbindungsmittels zu verschaffen, Wohlthaten, welche sich überall und für alle Klassen der bürgerlichen Gesellschaft thatsächlich bewährt haben.

„Mit jedem Jahre wird die Anwendung dieser wichtigen Entdeckung allgemeiner. In der neuesten Zeit ist eine Eisenbahn von Strassburg nach Basel projektiert worden. Die hiezu nöthigen Summen sind bereits durch Unterzeichnungen gesichert und nach erhaltener Sanction des Gesetzgebers wird die Ausführung begonnen werden. Es unterliegt daher keinem Zweifel mehr, dass Eisenbahnen auf dem linken oder dem rechten Rheinufer, wo nicht auf beiden zugleich, bis nach Basel führen werden. Da also durch Bahnen, welche an die Grenzen der Schweiz führen, Ab- und Zufluss von Reisenden und von Waaren befördert, ja gegeben wird, dürfte auch der Zeitpunkt da sein, diese Bahnen fortzusetzen und in das Innere der Schweiz hineinzuführen.

„Wir glauben uns nicht zu täuschen, wenn wir voraussetzen, dass dieses Unternehmen die Aufmerksamkeit nicht nur des schweizerischen, sondern selbst des grössern Europäischen Publikums verdiene.

„Für die Anlegung der ersten Eisenbahnverbindung in der Schweiz schien diejenige von Basel bis Zürich darum die zweckmässigste Richtung an die Hand zu geben, weil jede beliebige Fortsetzung oder Verzweigung nach andern Gegenden der Schweiz an dieselbe angeknüpft werden kann; sei es nun an ihrem Endpunkte in nördlicher und östlicher, sei es an verschiedenen Zwischenpunkten in südöstlicher, wie in südwestlicher Richtung. Die Ansicht, dass die Anlegung von Eisenbahnen in Gebirgsgegenden mit besonderen Schwierigkeiten verknüpft sei, findet wenigstens in diesem Falle keine Anwendung. Nach dem Berichte der Herren Ingenieurs Negrelli und Eschmann, welche die Handelskammer von Zürich mit den Voruntersuchungen beauftragt hat, gestattet diese Strecke eine sehr vortheilhafte Vertheilung des Niveau, indem die allgemeine Steigung nur $1\frac{1}{2}$ per mille beträgt und die bedeutendsten einzelnen Steigungen nie 1 per Cent erreichen. Ebenso vortheilhaft fanden diese Experten mit wenig Unterbrechungen die Beschaffenheit des Bodens, so dass sich der technischen Ausführung keine bedeutenden Hindernisse in den Weg stellen.

„Die geographische Lage der Schweiz inmitten von Deutschland, Frankreich und Italien sichert derselben schon eine Menge durchziehender Geschäftsreisender zu. Ebenso ziehen die Schönheiten der Natur, welche der Schöpfer freiwillig diesem Lande zugetheilt hat, eine Jahr für Jahr wachsende Anzahl Reisender aus allen Ländern in die Schweiz.

„Seit Einführung der Dampfschifffahrt auf dem Rheinstrome werden die von der Natur so reich begabten Rheingegenden von einer Menge Reisender besucht, und die Zahl derselben nimmt jährlich in einem jede Voraussicht übersteigenden Verhältnis zu. Es darf daher mit Recht angenommen werden, dass eine bedeutende Anzahl Reisender gern ihren Weg bis in das durch seine Lage und Umgebungen so anziehende Zürich fortsetzen wird, wenn man von Basel in circa 3 Stunden nach Zürich gelangen kann, was mit Dampfwagen leicht möglich sein wird. Nun verhält es sich aber mit dem Waarentransport gerade wie mit der Menschenfrequenz; er wird durch erleichterte Communikationen vermehrt. Schon jetzt ist er in der Schweiz sehr bedeutend, da die Bedürfnisse ihrer eigenen Industrie alle Hauptstrassenzüge beleben, und da überdies die Schweiz, wie schon erwähnt, durch ihre geographische Lage das natürliche Mittelglied für den Waarentransport zwischen den südlichen und nördlichen Staaten und ihren Eisenbahnen, sowie zwischen den südlichen und nördlichen Meeren bildet.

„Alle diese Betrachtungen und besonders die auf der Strasse von Basel nach Zürich bereits stattfindende Frequenz von Waarenzügen und Reisenden, über welche der ersten Versammlung der Aktionäre bestimmtere Angaben vorgelegt werden sollen, geben hinreichende Grundlagen zur Behauptung an die Hand, dass diese Unternehmung keine gewagte sei, dass sie reichliche Zinsen tragen werde. Von dieser Ueberzeugung ausgehend fand sich eine Anzahl von Männern aus verschiedenen Kantonen bewogen, sich zu einem provisorischen Komitee zu vereinigen, um diese schöne und wichtige Unternehmung zu verwirklichen. Dieses Komitee hat vorläufige Rekognoscierungen machen und darauf begründete Uebersichtskarten und Berechnungen entwerfen lassen. Dasselbe hält aber für irrtümlich und überflüssig, diese Vorarbeiten zu veröffentlichen oder überhaupt tiefer einzutreten, ehe es sich der Teilnahme des Publikums versichert hat. Es ladet daher das in- und ausländische Publikum zur Aeusserung seiner Teilnahme ein. Ausser den ökonomischen Vorteilen, welche aus den angeführten Lokalgründen zu erwarten sind, bietet dieses Unternehmen so vielseitige Konvenienz für Reiselustige und für Geschäftsmänner aus allen Ländern dar und ist für das in der Nähe der Bahn wohnende Publikum von so grossem, direktem und indirektem Nutzen, dass das Komitee auf eine hinlängliche Anzahl von Subskriptionen hoffen zu können glaubt.

„Es wird vorläufig angenommen, dass die Durchführung des Planes einen Aufwand von *zehn Millionen* französischer Franken erfordern würde. Diese Summe von zehn Millionen auf zwanzigtausend Aktien verteilt, bringt eine jede derselben auf Einhundert Stücke französischer Fünffranken-Thaler. Da aber eine genaue Kostenberechnung erst nach Vollendung ausführlicher Voruntersuchungen und bestimmter Wertungen aufgestellt werden kann, so soll die Subskription offen bleiben, bis dreissigtausend Aktien unterzeichnet sind, und späterhin wird, je nach dem Ergebnis der definitiven Berechnungen, eine Reduktion der Aktienanzahl stattfinden, die jeden Aktionär nach Massgabe seiner Unterzeichnung treffen wird.

„Die Aktien werden auf den Namen des Inhabers oder au porteur ausgestellt und die Einschreibungen für eine beliebige Anzahl derselben sind einstweilen und bis zur Annahme der Statuten ohne Verbindlichkeit. Indem wir das dem Unternehmen geneigte Publikum freundlich dazu einladen, bemerken wir noch, dass die Unterzeichnungen entweder unmittelbar zu Handen des Komitee beim Präsidenten desselben, Herrn Altbürgermeister *von Muralt* oder bei folgenden Handelshäusern abgegeben werden können: Zu *Aarau* bei den Herren Herzog & Comp., zu *Basel* bei den Herren Ehinger & Comp., Benedikt Laroche, Passavant & Comp., zu *Zürich* bei den Herren Salomon Pestalozzi zum Steinbock, Caspar Schulthess & Comp., Caspar Schulthess Erben, Tobler-Stadler.

„Da sich das provisorische Komitee noch nicht im Falle befindet, die Vollziehung der Unternehmung zu gewährleisten, so verlangt dasselbe auch keinen vorläufigen Einzahlungsquotienten. — Sobald fünfzehntausend Aktien unterzeichnet sind, wird das provisorische Komitee eine Generalversammlung der Aktionäre nach Zürich einladen, um derselben einen Entwurf von Statuten zur Annahme oder zur Modifikation vorzulegen. Bei dieser Versammlung werden die Abstimmungen nach folgenden, die verschiedenen Interessen berücksichtigenden Grundsätzen stattfinden. Die Unterzeichnung von 1—5 Aktien berechtigt zu 1 Stimme; die von 6—10 zu 2 Stimmen, von 11—20 zu 3, von 21—50 zu 4, von 51—100 zu 5, von 101—200 zu 6 Stimmen. Mit der Unterschrift für 200 Aktien nimmt das Stimmrecht mit jedem 100 unterzeichneter Aktien um 1 Stimme zu. Wer Subskribenten repräsentiert, tritt in ihre Stimmrechte ein.

„Nach Annahme der Statuten und nachdem das provisorische Komitee die Generalversammlung wird eingeladen haben, sich nun selbst ein leitendes Komitee zu wählen, wird es sich auflösen."

Zürich, den 9. November 1837.

Im Namen des provisorischen Komitee für eine Eisenbahngesellschaft von Basel bis Zürich:

Der Präsident: (gez.) Conrad von Muralt.

Der Aktuar: (gez.) M. Esslinger.

Das nämliche Komitee arbeitete einen „Entwurf zu Statuten der Basel-Zürcher-Eisenbahngesellschaft" aus, den es am 23. November 1837 zur Vorlage an die auf den 17. Januar 1838 einzuberufende Generalversammlung endgültig bereinigte.

Ueber die Aktienzeichnung berichtet die „Freitagszeitung":

Nr. 46, den 17. November. — „Die Zahl der am Dienstag Abends eingeschriebenen Aktien für die Eisenbahn war nach der „N. Z. Z." bereits 28,000. Das Komitee scheint indes einer grösseren Unterzeichnung den Lauf lassen zu wollen, und vornehmlich Unter-

zeichner nur einiger weniger Aktien zu wünschen, indem die grössern Unterzeichnungen, gleich dem Beispiel an andern Orten, auf Voraussetzung einer Reduktion stattgefunden haben mögen."
Nr. 47, den 24. November. — „Mit dem Unterschreiben für die Eisenbahn geht es noch immer vorwärts, die Zahl beträgt gegen 35,000 Aktien. Besonders findet das Unternehmen in Italien Anklang."
Nr. 51, den 22. Dezember. — „Die Zahl der vorläufig unterzeichneten Eisenbahnaktien ist 44,721. Davon hat die Schweiz 9175 (Zürich 5005, Baselstadt 1101, Aargau 829), das Ausland 33,546 (Italien 21,222, Deutschland 12,425, Frankreich 1786, Nordamerika 15). *Kommt die Sache zu Stande, so haben wir dem Ausland ein artiges Kapital zu verzinsen, und — sind wir ehrlich — so bekommt es von der Unternehmung wohl den Nidel — uns bleibt die Milch*."

Die erste Generalversammlung der Aktionäre fand thatsächlich am 17. Januar 1838 statt und genehmigte mit wenigen Modifikationen den Statutenentwurf des Komitees. Wir heben aus diesen Satzungen folgende Punkte hervor:

Das Gesellschaftskapital wird durch 30,000 auf den Namen des Inhabers oder au porteur ausgestellte Aktien à 500 franz. Franken aufgebracht. „Unmittelbar nach Konstituierung der Gesellschaft hat jeder Aktionär 1% vom Betrag der ihm definitiv zugeschriebenen Aktien, behufs der nötigen Vorarbeiten, und sobald die Ausführung beschlossen ist, 9% einzuzahlen. Später werden nie mehr als 10% des Wertes der Aktie auf einmal und erst nach dreimonatlicher Voranzeige eingefordert". „Zur Sicherung des Unternehmens und zur Deckung unvorhergesehener Ausfälle wird ein Reservefonds von 2 Millionen franz. Franken bestimmt, und durch Zurücklegung von 5% der jährlichen reinen Einnahme gebildet. Die Zinsen dieses Fonds werden jedoch nicht zum Kapital geschlagen, sondern in die laufenden Einnahmen des Unternehmens gerechnet". „Von dem Zeitpunkte an, wo der Reservefonds vollständig gebildet ist und die jährlichen Einnahmen des Unternehmens nach möglichster Vervollkommnung der Bahneinrichtungen nun nach einer mehrjährigen Durchschnittsberechnung eine Dividende von mehr als 10 % ergeben sollte, wird von der Generalversammlung eine den Umständen entsprechende Reduktion in den Transportpreisen für Personen und Waren festgesetzt".

Das Stimmrecht der Aktionäre wird nach dem im Prospekt vom 9. November 1837 mitgeteilten Modus ausgeführt. Die Generalversammlung wählt ihren Präsidenten, der zugleich Präsident der ebenfalls von ihr zu wählenden fünfgliedrigen Kommission ist und einen Ausschuss (Verwaltungsrat) von 21 Mitgliedern.

Zum Präsidenten der Gesellschaft und der Direktion wurde in einer konstituierenden Versammlung vom 19. Februar 1838 Conrad von Muralt, an die übrigen 4 Direktionsstellen M. Esslinger, J. J. Escher, Birmann-Vischer und Hüner gewählt.

Die gleiche Versammlung bestellte den Ausschuss aus den Herren: Regierungsrat Eduard Sulzer von Zürich, Präsident; Bürgermeister Herzog von Aarau, Emanuel Passavant von Basel, Pestalozzi-Hirzel von Zürich, Escher-Schulthess von Zürich, a. Postdirektor Dolder von Aarau, Albert Escher von Zürich, Landammann Dorrer von Baden, J. Riggenbach von Basel, a. Präsident Gutzweiler von Liestal, Kantonsrat Studer von Zürich, La Roche-Stähelin von Basel, Schulthess-Landolt von Zürich, Bundespräsident Bavier von Chur, Friedrich Laue von Wildegg, Achilles Bischoff von Basel, Bürgermeister Hess von Zürich, Regierungsrat Schaufelbüel von Zurzach, Berri-Brüderlin von Liestal, Burkhard-Rihiner von Basel und a. Oberrichter Ulrich von Zürich.

Schon Tags darauf, am 20. Hornung 1838, stellten die fünf Direktoren an die Regierung das Gesuch um formelle Anerkennung der neuen Aktiengesellschaft und verbanden damit die Bitte, „im Kanton Zürich die nötigen Voruntersuchungen, Vermessungen, Nivellements etc. etc. als Vorbereitung zum Bau vornehmen zu dürfen", sowie die fernere, die Regierung möge durch ihre Lokalvertretungen den Abgeordneten der Direktion zum Zweck ihrer Arbeiten den möglichsten Vorschub und Schutz für etwa zu errichtende Merkmale gewähren. Die Gesellschaft ihrerseits verpflichtete sich „für jeden allfälligen Schaden zu gebührendem Ersatz". — Auf Grund eines von der „Handelskommission des Kantons Zürich" eingeholten Gutachtens vom 2. März anerkannte die Regierung am 8. März 1838 die Basel-Zürcher-Aktiengesellschaft als „anonyme Aktiengesellschaft" und sprach „gemäss § 6 des Gesetzes über das Ragionenwesen vom 25. September 1835 die Autorisation derselben unter Vorbehalt jedoch der später für die Ausführung zu erteilenden Konzessionen" aus. Ebenso wurde der Gesellschaft die Bewilligung zur Veranstaltung vorläufiger Untersuchungen, Vermessungen und Nivellements erteilt.

Die wohlwollende Gesinnung der Regierung gegenüber dem geplanten Unternehmen leuchtet daraus hervor, dass sie an dem Umstande keinen Anstoss nahm, dass der Präsident der petitionierenden Direktion, C. von Muralt, gleichzeitig auch Präsident der mit der Begutachtung dieser Petition beauftragten Handelskommission war.

II.

Die „Basel-Zürcher-Eisenbahngesellschaft" war somit staatlich anerkannt. Ihre Direktion arbeitete mit allen Kräften für das Gedeihen des Unternehmens, wobei „keinerlei persönliche Interessen, sondern „einzig die frohe Hoffnung, ein gemeinnütziges, für das Vaterland wohlthätiges Unternehmen befördern zu helfen, die Beweggründe waren, daher sie auch bedauert, dass dieser Standpunkt nicht allgemein festgehalten und das *Unternehmen teilweise als Gegenstand der Spekulation* betrachtet wurde".

Zunächst wurde den Regierungen der Kantone Aargau, Basel-Stadt und Basel-Landschaft amtliche Anzeige von der Gründung der Gesellschaft gemacht und von ihnen die Bewilligung zu den Voruntersuchungen erbeten und erhalten. Mit Einleitung der Verhandlungen behufs Erlangung der eigentlichen Konzessionen wurde der Präsident des Ausschusses, Reg.-Rat Ed. Sulzer betraut, der sogleich auch bezügliche Entwürfe ausarbeitete. Daneben gelangte die Direktion unterm 13. und 17. November 1838 an die Regierungen von Zürich und Aargau, um hier Expropriationsgesetze und die Anwendung derselben, sowie die Erteilung von Konzessionen unter möglichster Beschleunigung zu betreiben. Zürich setzte zu diesem Behufe eine eigene Kommission nieder und stellte auf Grund der Vorlagen derselben am 22. Juni einen Entwurf fest [Ein 22 §§ enthaltender Entwurf eines Expropriationsgesetzes war unter dem Titel „*Entwurf eines Gesetzes über Abtretung von Privatrechten für Zwecke des öffentlichen Wohles*" bereits in der „N. Z.-Ztg." Nr. 71—74 vom Jahre 1836 publiziert worden. Der Verfasser motiviert die Publikation dieser „Privatarbeit" damit, dass die Anlegung von Eisenbahnen in der Schweiz als unerlässliche Bedingung ein Gesetz über Abtretung von Privatrechten erheische, die in verschiedenen Kantonen hierüber bestehenden Gesetze aber unvollständig seien und zu verschiedenen Reklamationen Veranlassung gegeben hätten. Die Ideen des betr. Entwurfs sind grösstenteils aus der französischen Gesetzgebung geschöpft und der Verfassung des Kantons Zürich angepasst.] Es währte jedoch noch geraume Zeit, bis die Konzession selbst erteilt wurde. (S. Beil. I.)

Wir führen aus dem Schreiben der Direktion vom 13. November 1838 an die Regierung folgende charakteristische Stelle an: „Die Direktion betrachtet für dauernd aus dem nemlichen Gesichtspunkte, wie gleich von Anfang an die Wünschbarkeit, ja das Bedürfnis einer Eisenbahnverbindung zwischen Basel und Zürich, zu Unterhaltung und Aeufnung der mannigfachen Geschäftsverhältnisse im Innern und mit Italien. — Die Eisenbahnen, dieses grosse Vehikel der Industrie der neueren Zeit, gewinnt beinahe von Tag zu Tag an Bedeutung. Ohne *England* mit allen seinen, jeder anderweitigen Vergleichung unzugänglichen Mitteln, oder *Amerika* erwähnen zu wollen, blickt die Direktion auf *Belgien* hin, wo die Regierung in das Mittel getreten ist, um Industrie und Wohlstand durch ein weit verbreitetes Netz von Eisenbahnen an jene Gefilde zu fesseln; — sie wirft ihre Blicke auf *Deutschland*, auf ein Land, welches im Allgemeinen genommen, mit Aengstlichkeit vorwärts schreitet. Dennoch sieht bald jeder Staat neue Eisenbahnen nicht nur im Projekte, sondern in der Wirklichkeit erscheinen, neue Verbindungen eröffnen und neuen Verbindungen rufen. — In der *östreichischen* Monarchie werden unermessliche Fortschritte in diesem Fache gemacht. Bisher beinahe schroff abgetrennte, noch erst halb unbekannte, ganze Königreiche umfassende Provinzen, werden damit zu täglichem Verkehr und zu regem Leben gebracht. In dem entfernten *Russischen* Reiche wird vorwärts geschritten, und *Eisenbahnen*, welche vor wenig Wochen noch als Kapital verzehrend betrachtet worden sind, *bieten* heute schon *den ausländischen*, darunter auch *zahlreich Schweizerischen Aktionärs ermunternde Dividenden* dar. In dem in viel andern Beziehungen diesen Staaten sonst lange voranschreitenden grossen *Frankreich* sind zwar der Entwicklung und allgemeinen Verbreitung des Eisenbahnsystems grosse Schwierigkeiten in den Weg gelegt worden; dieselben werden und müssen jedoch in nahe bevorstehender Zeit durch die Macht der Umstände beseitigt werden. Diese französischen Bahnen werden, aller ökonomischen Schwierigkeiten ungeachtet, in nicht sehr entferntem Zeitpunkte den schweizerischen Boden auf Baslergebiet erreichen. — Notorisch ist bekannt, dass das Grossherzogthum *Baden* die Vollziehungsarbeiten auf der Bahn begonnen hat, welche von dem Maine ebenfalls nach Basel hinführen werden.

„In dem industriellen Theile von Europa nimmt die *Schweiz* einen ungleich grössern Platz ein, als ihr Flächenraum, oder ihr Bevölkerungsverhältnis mit sich brächte, und dennoch *ist in dieser Beziehung noch gar nichts anderes geschehen, als was unser guter Wille, und die Anstrengungen unserer bisherigen Aktiengesellschaft zu Wege gebracht hat.* — Wir nähren die unbezweifelte Hoffnung, die Regierung des Kantons Zürich, welche in Benutzung der Zeit und der Gelegenheit so vielen andern Kantonsregierungen mit preiswürdigem Beispiele vorangeht, werde auch in einer so wichtigen und folgereichen Angelegenheit ihr vielvermögendes Beispiel auf das Ganze wohlthätig ausdehnen, wodurch ohne Zweifel ein wohlthätiger Einfluss auf die Behandlung des Gegenstandes in einem Nachbarkantone ausgeübt würde, und in Beziehung auf den ihren eigenen Kanton beschlagenden Theil der Bahn, die Konzession selbst und die Bedingungen derselben auf eine Weise festsetzen helfen, welche der Direktion Muth zur Fortsetzung ihrer Arbeiten, und einen kräftigen Anlehnungspunkt verleihe."

Ihr Hauptaugenmerk richteten Direktion und Ausschuss auf Festlegung des Tracés. Dazu bedurften sie eines im Eisenbahnfach erprobten Mannes. Durch Vermittlung zweier in England wohnender Landsleute gelangte man „an Herrn Ingenieur Locke, welcher unter dem berühmten Stephenson praktisch gebildet, von Pambour in seinem klassischen Werke über die Anwendung der Dampfkraft von Eisenbahnen als ausgezeichneter Ingenieur genannt, sich in England durch den Bau mehrerer wichtiger Bahnen, namentlich der grossen Vereinigungsbahn und allerneuestens durch seine Mitwirkung bei dem Baue und der Eröffnung der sehr bedeutenden Southampton-Bahn rühmlichst bewährt hat". Ingenieur Locke verpflichtete sich:

1. sofort einen Aide-Ingenieur nach der Schweiz zu senden, um dem Geniepersonal der Zürich-Basler-Eisenbahngesellschaft „die nöthigen Anleitungen über die Vorarbeiten zu geben, welche demselben nothwendig seyen, um die vorläufige Hauptrichtung der Bahn bei seiner selbst eigenen Ankunft ohne Verzug bestimmen zu können;

2. im Monat Juni persönlich nach der Schweiz zu kommen, um die Hauptrichtung festzusetzen;

3. auf Verlangen der Direktion nach seiner Rückkehr in England die ausführbaren Spezialpläne, Kostenberechnungen u. s. w. zu verfertigen;

4. sofern es gewünscht werde, bis zur Vollendung der ganzen Bahn von Basel bis Zürich jährlich wenigstens einmal nach der Schweiz zu kommen, „um die Arbeiten zu beaufsichtigen und dieselben seiner Erfahrung gemäss den Interessen der Gesellschaft in jeglicher Weise zuträglich anzuordnen".

In Zürich selbst suchte man für die geometrischen Aufnahmen und die Plananfertigung ein eigenes „Geniekorps" zu gründen, unter Leitung des Ingenieurs Oberst Hegner von Winterthur. Dieser hatte seine Studien an der école polytechnique und école des ponts et chaussées zu Paris gemacht und sich nachher fast zwei Dezennien hindurch als Strassen- und Brückeninspektor des Kantons Zürich bewährt. Er trat am 1. April 1838 in die Dienste der Bahngesellschaft und engagierte eine Anzahl von Ingenieuren und Geometern, unter denen besonders die Herren Eschmann und Wild durch vorzügliche Arbeiten hervorragten. Ende April langte von England Lockes Assistent Neumann in Zürich an und besorgte sofort mit Oberst Hegner die Nivellements. Zur Beschleunigung der Arbeiten wurde noch Oberstlieutenant Buchwalder von Bern gewonnen, der das ihm zugewiesene Pensum mit mehreren von ihm mitgebrachten tüchtigen Arbeitern von Mitte Juli bis November erledigte.

Im Laufe des Monats Juli kam Ingenieur Locke über Basel nach Zürich und bereiste dann mit den Herren Direktor Birmann, Oberst Hegner, Oberstlieut. Buchwalder und Neumann die projektierte Bahnlinie ab- und aufwärts. Auf Grund dieser Terrainstudien und des vorhandenen Planmaterials wurde folgendes Tracé vorgeschlagen:

Die Bahn beginnt am linken Sihlufer; zieht sich von hier nach Schlieren und Dietikon, geht nordwestlich bei Spreitenbach vorüber und überschreitet unterhalb des sog. Kessels bei der Würenloser Trotte die Limmat. Nun verfolgt sie das rechte Limmatufer durch Wettingen, Ennet-*Baden*, Rieden, Nussbaumen, Siggingen bis zum Einfluss der Limmat in die Aare, geht dem rechten Aareufer entlang und überschreitet in der Nähe von Eyen die Aare, deren linkes Ufer sie bis Koblenz verfolgt. Hier wendet sie sich, Waldshut gegenüber, nach Westen und geht dem linken Rheinufer nach durch Bernau, Schwaderloch, Ezgen, Rheinsulz, Kaisten, Stein, Mumpf, Ryburg, Rheinfelden, Kaiseraugst, Baselaugst, Rothhaus (jetzt Schweizerhall) bis Basel. Gleichzeitig *erklärte Locke* jedoch, „dass, obgleich er weder Pläne noch vorläufige Nivellierungen besitze, ihm auch keine zu erheben gestattet waren, er dennoch, in Folge der von ihm vorgenommenen Inspektion die Überzeugung gewonnen habe, *dass, insofern keine andern Rücksichten, als die Ausmittlung des zweckmässigsten Zuges obwalten, ein Uebergang über den Rhein in der Gegend von Waldshut die Bahn kürzer, weniger schwierig und daher auch weniger kostbar gestalten würde.*" Bald darauf kehrten Locke und Neumann in ihr Vaterland zurück, während die geometrischen Aufnahmen des Terrains bis nach Basel weiter geführt und die genaue und vollständige *Aussteckung, Profilierung und Nivellierung der Strecke zwischen Zürich und Baden*, vorzüglich unter Mitwirkung von Oberstlieut. Buchwalder vorgenommen und später von Oberst Hegner ausgearbeitet wurden. Da die Expropriationsgesetze und Konzessionsbewilligungen immer noch auf sich warten liessen, rekognoscierten Oberst Hegner und Ingenieur Wild das Glattthal von Zürich bis an den Rhein und die Badische Grenze.

Die ermittelten Gefällsverhältnisse der Strecke Zürich-Basel ergaben für eine Länge von 320,575 Fuss, oder 20 Schweizerstunden $1^{45}/_{100}$ per mille. Bei der 69,309 Fuss oder $4^1/_4$ Stunden langen Teilstrecke Zürich-Baden überstieg das Gefälle nirgends $3^0/_{00}$, während der Minimalradius der Kurven 5000 Fuss betrug.

Eingehende Beobachtungen über die bestehenden Frequenzverhältnisse ergaben für die Strecke von Zürich bis Basel per Jahr 67,155 Reisende in Wagen und zu Pferd, 92,171 Fussreisende, zusammen 159,326 Personen, und 536,749 Ztr. Waaren; für die Bahnstrecke Zürich-Baden: 72,328 Reisende in Wagen und zu Pferd und 61,913 Fussreisende, zusammen 134,241 Personen. Die Baukosten der Strecke Zürich-Baden wurden auf Fr. 2,184,132. —, die Betriebskosten auf Fr. 251,243. —, der Bruttoertrag auf Fr. 348,714 veranschlagt, was einer Dividende von $8^1/_2\%$ gleichkäme.

Am 8. Juli 1839 fand in Basel eine Generalversammlung der Aktionäre statt, in welcher über den Stand des Unternehmens Bericht erstattet und Rechnung gelegt wurde. Die Rechnung schloss mit dem 17. März 1839 ab. Sie ergab an Einnahmen: Fr. 147,885. — als Einzahlung des 1% von 29,577 Aktien, Fr. 3,321.65 Zinsen und Kursgewinn, zusammen Fr. 151,206.65; an Ausgaben: Ausschuss (Verwaltungsrat) Fr. 3,675.30, Direktion Fr. 18,198.60, Bureau der Direktion Fr. 9,021.10, Mobiliar und Instrumente Fr. 636.50, Ingenieure und Geometer samt Gehülfen Fr. 62,587.15, topographisches Bureau Fr. 4,013.45, Frequenzbeobachtungen Fr. 5,168.60, zusammen Fr. 103,300.70, somit einen Überschuss von Fr. 47,905.95. — Der Direktionspräsident klagt beim Rückblick auf die Last des abgelaufenen Geschäftsjahres: *„An den meisten Orten, wo bisher Eisenbahnen ausgeführt wurden, geschah es gegründet auf bereits vorliegende durchgeführte technische Vorarbeiten, umfassende Kostenberechnungen und hoheitliche Konzessionen, welche eine unmittelbare Ausführung gestatteten. Von alle dem stand der Direktion **nichts** zu Gebote"*.

Die Generalversammlung genehmigte ferner das Entlassungsgesuch des Direktionsmitgliedes *Hürner*, bestätigte bei den statutarischen Wahlen die ausscheidenden Mitglieder wieder und fasste die Resolution: „Das beabsichtigte Unternehmen wird fernerhin der Thätigkeit und Sorgfalt der Direktion in der frohen Zuversicht empfohlen, dass die gänzliche Vollendung der Vorarbeiten und die erteilten Konzessionen die Direktion und den Ausschuss in den Stand setzen werden, in der nächsten Versammlung der Aktionäre den Antrag zu der wirklichen Ausführung des Baues der Eisenbahn zu stellen."

Voll Vertrauen in das endliche Gelingen des Unternehmens schritt die Direktion an die Weiterführung des Werkes. Oberst Hegner, Ing. Wild und Oberst Buchwalder arbeiteten die Detailpläne für die Strecke Baden-Basel aus und Hegner stellte auf Grund der gemachten Aufnahmen eine Kostenberechnung auf. Es meldete sich denn auch wirklich eine Gesellschaft und bald darauf „ein ebenso einsichtiger als sachkundiger Ingenieur" mit dem Anerbieten, „die erst zu erbauende Strecke um die vorangeschlagene Summe auf eigene Gefahr und mit hinlänglicher Gewährleistung auszuführen."

Die Verhandlungen zur Erlangung der hoheitlichen Konzessionen wurden mit allem Nachdruck fortgesetzt. Der grosse Rat erteilte eine solche auf Antrag der Regierung am 18. Christmonat 1839; sie wäre „wahrscheinlich schon mehrere Monate früher erhalten worden, wenn solches nicht durch ausserordentliche, eingetretene politische Ereignisse behindert worden wäre". Mit dieser Konzession wurde gleichzeitig „die Anwendung des allgemeinen Abtretungsgesetzes auf die Unternehmung" ausgesprochen. „Dieses Gesetz geniesst," so erklärte Conrad von Muralt in der dritten Generalversammlung (zu Zürich am 14. Sept. 1840), „den grossen Vorzug, dass der Staat in Beziehung auf technische Ausführung der Unternehmung jede mit der öffentlichen Sicherheit verträgliche Freiheit gelassen hat und von den beschränkenden Bestimmungen, welche hierüber sowohl in Frankreich als auch in einigen deutschen Staaten aufgestellt wurden, und welche einen so hemmenden und verderblichen Einfluss auf die Entwicklung der Eisenbahnen ausgeübt haben, nichts darin vorkommt. Diesen Vorzug verdankt dasselbe hauptsächlich Hrn. Reg.-Rat Eduard Sulzer (Präsident des Ausschusses der Gesellschaft), der den ersten Entwurf dazu abgefasst und sich durch seine Bemühungen für dessen Erlass so sehr um die Gesellschaft verdient gemacht hat."

Aargau zögerte immer noch mit dem Erlass eines Expropriations- und Konzessionsgesetzes. Da 24 „sehr angesehene" Aktionäre von Mailand den angelegenen Wunsch aussprachen, dass unter den dermaligen Auspizien nicht länger gezögert werden möchte, um der Generalversammlung den Antrag zu stellen, den Bau der Basel-Zürcher-Eisenbahn unmittelbar mit der Strecke von Zürich bis Baden zu beginnen", wiederholte die Direktion ihr Konzessionsbegehren bei der Aargauer Regierung in nachdrücklichster Weise. Letztere setzte daraufhin eine besondere Kommission ein, die mit Abgeordneten der Direktion (Esslinger und Escher) in Aarau zu einer Konferenz zusammentraten. Hierauf arbeitete die Regierung einen, wesentlich dem zürcherischen ähnlichen Konzession-Gesetzesentwurf aus und verknüpfte damit „die Expropriation ad hoc". Der grosse Rat aber wies denselben „zu näherer Prüfung und Hinterbringung eines Antrages" zurück. Die zuversichtliche Erwartung jedoch dass die endliche Erteilung der aargauischen Konzession nicht lange mehr auf sich warten lassen könne, ermutigte die Direktion, der bereits erwähnten III. Generalversammlung den Antrag zu stellen, der auch mit grossem Mehr zum Beschluss erhoben wurde.

„1. Die Ausführung der Eisenbahn zwischen Basel und Zürich im allgemeinen zu beschliessen;

2. Den Anfang des Baues mit der Ausführung der Bahnstrecke zwischen Zürich und Baden vornehmen zu lassen, sobald die hierfür nötigen Konzessions- und Expropriationsgesetze erlassen sein werden;

3. Demgemäss die von den Aktionärs (§ 3 der Statuten) vorhergesehenen Einzahlungen von 9 % des Betrages jeder Aktie zu veranstalten, mit dem Vorbehalte, dass, im Falle unvorhergesehene Hindernisse bei Erteilung der Konzessions- und Expropriationsgesetze eintreten sollten, die im nächsten Jahre stattfindende Generalversammlung über die Rückzahlung der eingeschossenen Fonds beschliessen würde."

Die Direktion, aus welcher nach Hürner auch Birmann-Vischer ausgetreten war, legte der Generalversammlung die „Längennivellements von Baden bis Basel, nebst den Seitenprojekten", sämtliche darauf bezüglichen Querprofile, die periodischen Rapporte der Ingenieure Hegner, Buchwalder, Wild, Leemann und Auer, die Spezialberichte über die vier „Stationsbezirke" Baden-Full, Full-Laufenburg, Laufenburg-Rheinfelden und Rheinfelden-Basel, die Berichte über die Seitenprojekte und die verschiedenen Kostenberechnungen vor.

Die *Spurweite* wurde zu 5 Fuss angenommen „und dadurch in Uebereinstimmung mit der weitaus grössern Zahl der englischen und Kontinentalbahnen gebracht".

Es dürfte wohl Manchen interessieren, aus dem technischen Bericht der Direktion folgende *Kostenberechnung* der *Fahrbahn* auf eine *Schienenlänge* von 16 Fuss Englisch = 16,25 Schweizerfuss kennen zu lernen:

1 Schienenpaar von 640 Pf. engl., Ankauf und Lieferung auf die Bahn . . . . . Fr.	83.10
8 Sättel von 168 Pf. engl., Ankauf und Lieferung auf die Bahn . . . . „	20.—
Legen eines Schienenpaares und Befestigen der 8 Sättel . . . . „	12.11
4 Querschwellen von Lärchenholz $\frac{0.6}{0.7}$ ins Geviert und 6' 5" lang . . . . „	10.—
Erdausgrabung für die Schwellen, Unterlags- u. Verfüllungsmaterial, Legen d. Schwellen und Planieren der Ausgrabung auf der Bahnoberfläche . . . . „	4.68
Bekiesung der Bahn . . . . „	3.71
10 % Zulage . . . . „	13.36
Kosten pr. Schienenlänge Fr.	146.96
und daher pr. Kurrentfuss „	9.04

Die II. Jahresrechnung schliesst mit einem Saldovortrag von Fr. 6532.19, was jedoch nur dem Umstande zuzuschreiben ist, dass Direktionspräsident C. v. Muralt auf seine zweijährige Besoldung von je Fr. 3000 zu Gunsten der Gesellschaft verzichtete.

Die Wahlen fielen in bestätigendem Sinne aus; an Stelle des verstorbenen Escher-Schulthess wurde *Martin Escher-Hess* von Zürich in den Ausschuss berufen.

Das dritte Geschäftsjahr der Basel-Zürcher-Eisenbahngesellschaft, das die Direktion und der Ausschuss so hoffnungsfreudig angetreten hatten, nahm einen unerwartet ungünstigen Verlauf. Wohl gelang es, am 6. Wintermonat 1840 von der aargauischen Regierung endlich ein Konzessionsdekret zu erlangen — dessen Expropriationsbestimmungen freilich für die Gesellschaft unvorteilhafter waren, als die zürcherischen —, aber Basel-Landschaft gab eine ausweichende Antwort und diejenige der Regierung des h. Standes Basel-Stadtteil, genau drei Monate später als die Zuschrift an hochdieselbe erlassen, lautet dahin: ‚dass man nicht ermangeln werde, das Gesuch selbst und die darüber dort zu treffenden Massnahmen mit aller Aufmerksamkeit und dem diesem wichtigen Unternehmen gebührenden Interesse zu prüfen und zu überlegen, *sowie die Ausführung der Bahn näher schreite*'... Mithin wollte Baselstadt sich einstweilen und bis die Ausführung der Bahn seinem Territorium näher rücke, nicht einmal mit der Konzessionsfrage befassen. Im Publikum begann man an der ernsten Absicht, die ganze Linie Basel-Zürich auszuführen, zu zweifeln und glaubte, „dass der grosse Zweck nur als *Lockspeise* dienen soll, um das Kleine (Zürich-Baden) zu erreichen. Diese Besorgnis scheint Viele für das Unternehmen kalt, andere demselben ganz abgeneigt gemacht zu haben". Dazu kam, „dass seit dem ersten Zusammentritte der Gesellschaft bis zum Zeitpunkt der Erlangung der Konzessionen wesentliche Veränderungen in den Verhältnissen von Aktiengesellschaften überhaupt in ganz Europa eingetreten waren — und zwar vornehmlich darum, weil selbige allzuhäufig, ohne irgend ein reelles Fundament, nur zum Vorwande eines schrankenlosen Börsenspieles benutzt und weil, namentlich bei mehreren versuchten Eisenbahnunternehmungen, mehr hierauf, als auf die Sache selbst und auf den Gesamtnutzen sämtlicher Aktionärs Bedacht genommen war —

wodurch ein grosses, allgemeines Zutrauen in derartige Kapitalanlagen in ein noch grösseres Misstrauen umgewandelt worden ist. — Hierzu gesellte sich dann noch der Umstand, dass während beinahe der ganzen zweiten Hälfte des letztabgewichenen Jahres grosse Besorgnisse wegen Ausbruch eines europäischen Krieges obwalteten, welche höchst nachteilig auf jedes, grosse Kapitalien in Anspruch nehmende Unternehmen einwirken und die Anhandnahme desselben verschieben lassen mussten."

Als dann gegen Ende des Jahres 1840 die Kriegsbesorgnisse sich zerstreuten, beschloss der Ausschuss, die Einbezahlung der ersten Rata der festgesetzten 9 % mit 4 % zu bewerkstelligen, um wo möglich mit Ernst an die Ausführung der Arbeit schreiten zu können.

Hierbei aber wurden die Erwartungen in hohem Grade getäuscht. Anstatt 30,000 stellten sich bei der Einbezahlung nur 9178 Aktien heraus. Diese verteilten sich folgendermassen: Stadt Zürich 3773, Stadt Winterthur 167, Landschaft Zürich 394, Baselstadt 131, Basel-Landschaft 28, Aargau 130, Graubünden 274, übrige Schweiz 212, Mailand 3286, Bergamo 133, Augsburg 297, Paris 67, Mülhausen 67, Wien 32, Diverse 187. Es kamen somit von den 9178 Aktien 5109 auf die Schweiz und 4069 auf das Ausland. Ueberdies wurden von Chur noch Einzahlungen von 252 Aktien zugesichert, sobald die Ausführung des Unternehmens beschlossen sein würde. Die *Stadtgemeinde Zürich hatte 500 Aktien übernommen, aber daran die Bedingung geknüpft, dass der Bahnhof Zürich nicht, wie projektiert war, auf dem linken Sihlufer, sondern innerhalb des Stadtgebietes angelegt werde.*

Angesichts der schlimmen Situation wandte sich die Direktion der Gesellschaft in einer einlässlichen Eingabe am 2. Juni 1841 an die Regierung mit dem Gesuche um finanzielle Hülfeleistung. Sie wies darauf hin, wie die Regierungen von Frankreich, Belgien, Sachsen, Sachsen-Altenburg, Bayern (letztere durch Uebernahme eines Vierteils der Baukosten und Zuweisung einer Zinsgarantie für die übrigen $^3/_4$) ihre neuen Bahnen durch verschiedene Vergünstigungen kräftig unterstützten, Baden solche ganz auf Staatskosten baute und dass, geschehe nicht auch etwas von Seiten der Zürcher Regierung, die Konzession wegen Nichteinhaltung der in ihr festgesetzten Baufristen erlösche. Die Regierung, resp. der zürcherische Finanzrat setzte unterm 24. Juni eine Spezialkommission zur Begutachtung dieses Gesuches ein, die ihren Bericht am 7. September abgab. Die *Mehrheit* der Kommission erklärte den Staat zur Unterstützung der Eisenbahn für verpflichtet, da sonst die Aktiengesellschaft nicht länger zusammengehalten werden könne, und „im gegenwärtigen Augenblicke weder von der Regierung des Kantons Aargau noch von denjenigen der beiden Teile des Kantons Basel Beihülfe erwartet werden dürfe, da erstere allzusehr mit politischen Wirren beschäftigt sei, letztere aber noch nicht einmal ihre Konzessionen zu dem Unternehmen erteilt haben und dieses durch ungünstige Antworten nur gefährdet werde." Sie schlug eine Zinsgarantie für ein Kapital von $2^1/_2$ Millionen franz. Franken auf 10 Jahre zu 4% vor. Die Minderheit verlangte jedoch, dass der Kanton Zürich, bevor er zur Verwirklichung des Baues etwas beitrage, sich mit den Regierungen der andern beteiligten Kantone ins Einvernehmen setze, und dass „die Uebernahme einer Anzahl von Aktien der Garantie von Zinsen vorzuziehen sei, weil der Staat weniger Gefahr laufe".

Das Zürcher Volk blieb in der Angelegenheit nicht unthätig. Schon am 22. Juni reichte J. Amann von Tischenloo dem zu Zürich tagenden Grossen Rate eine von 62 Bürgern der Gemeinde Oberrieden unterschriebene Petition ein, in welcher die Petenten „der höchsten Landesbehörde den ehrerbietigen Wunsch aussprechen, es möchte dieselbe den h. Regierungsrat beauftragen, diese Angelegenheit an die Hand zu nehmen und auf Unterstützung derselben bedacht zu sein." Diese und eine Reihe ähnlicher Petitionen überwies der Grosse Rat dem Regierungsrate.

Sonderbarer Weise entschied sich der Finanzrat am 28. Oktober für den Antrag der Minderheit und ebenso der Regierungsrat, welcher am 9. Nov. 1841 an die Direktion schrieb: „Wir erkennen die hohe Wichtigkeit der Sache für unseren Kanton in vollstem Masse und teilen ebenso sehr Ihre Wünsche, dass dieses gemeinnützige Werk je eher je besser zu stande kommen möchte. Auch haben wir aus dem bisherigen Gange der Verhandlungen die durch anderwärtige Erfahrungen bestätigte Ueberzeugung geschöpft, dass das Gelingen solcher Unternehmungen wesentlich von der Mitwirkung und Teilnahme der betreffenden Landesregierungen abhängt, und darum sprechen wir es aus, dass wir *allerdings geneigt* sind, die Ihrige, insoweit es immer die finanziellen Verhältnisse unseres Kantons erlauben, zu unterstützen. *Indes* können wir *einstweilen* noch nicht für zweckmässig erachten, darüber Anträge an den Grossen Rat zu bringen, bevor es gelungen sein wird, hinsichtlich der Bereitwilligkeit der Regierungen von Aargau, Basel-Land und Basel-Stadt für verhältnismässige Teilnahme an der nötigen Unterstützung auf gemeinschaftlich festgesetzte Grundlagen Gewissheit zu erhalten."

Die Stadtgemeinde Baden erkannte natürlich die Wichtigkeit des Unternehmens und offerierte der Direktion in einer Konferenz vom 6. Oktober 1841: Die für den Bahnzug erforderliche Strecke Landes, soweit solche die Gemeindswaldungen berührt (3—4 Juchart Waldboden), den auf ein Jahr als ordentlichen Abnutzen in ihrem Tannenwalde fallenden Schlag Bauholz, allfällige in ihrem Eigentume vorfindliche Steinbrüche zur Benützung auf eine bestimmte Anzahl von Jahren, jedoch ausschliesslich zum wirklichen Bau der Eisenbahn, und endlich einen Platz für den Bahnhof „auf der Gubler'schen Matte bei Baden" um sehr billigen Preis gegen Aktienübernahme, oder, falls der Liegenschaftskauf unmöglich wäre, Uebernahme von 12000—14000 Fr. Eisenbahnaktien. Dies vermochte freilich, nachdem die Regierung ein helfendes Eingreifen abgelehnt hatte, die Katastrophe nicht zu verhindern. Es wurde deshalb eine IV. Generalversammlung auf den 5. Dezember 1841 nach Baden einberufen,

welche in Würdigung der obwaltenden Verhältnisse auf
Antrag der Direktion und des Ausschusses beschloss:

„1. Die Direktion ist beauftragt, die einbezahlten
4% für die Aktie den jetzigen Aktieninhabern vollständig
und in möglichst kurzer Frist zurückzuzahlen.

2. Die Basel-Zürcher-Eisenbahn-Gesellschaft ist
aufgelöst.

3. Die Direktion ist beauftragt, mit Zuziehung des
Ausschusses die Liquidation des Vermögens der Gesellschaft nach Anleitung des § 30 der Statuten zu besorgen und von dem Ergebnisse derselben s. Z. die
Aktionäre auf angemessene Weise in Kenntnis zu setzen."

(§ 30 der Statuten lautete: „Eine Auflösung der Gesellschaft kann nur durch ²/₃ der Stimmen in einer Generalversammlung beschlossen werden, in welcher wenigstens ⁴/₅ der Aktien statutengemäss repräsentiert sind. Tritt dieser Fall ein, so wird sämtliches Eigentum der Gesellschaft auf die möglichst vorteilhafteste Weise, worüber die Direktion mit Zuziehung des Ausschusses zu entscheiden hat, verkauft, und der Erlös, nach Abzug der Passiven, auf sämtliche Aktien gleichmässig verteilt.")

Anwesend waren 84 Aktionäre mit 7564 von 9209
Aktien, also mehr als ⁴/₅; die Auflösung ist *einstimmig*
beschlossen worden.

Herr alt Oberrichter Ulrich endete sein Referat
über den gestellten Antrag' mit folgenden Worten:
„Unser heutiges Auseinandergehen müsste einen wahrhaft niederschlagenden Eindruck machen, wenn anzunehmen wäre, dass damit nun auch alles, was seit ca.
fünf Jahren an Zeit, Mühe und Geld für die erste
Schweizer. Eisenbahn aufgewendet worden, verloren sei.
Allein dem ist nicht so. Die Eisenbahnen sind zu einem
Gebote der Zeit geworden, und diese weiss sich immer
und überall Gehorsam zu verschaffen. Freilich, je länger
man ihr diesen Gehorsam verweigert, desto empfindlicher werden gewöhnlich die Mittel, durch die man
sich zuletzt dennoch dazu gebracht sieht. Möge nicht
die *Not* zu einem solchen Mittel für uns werden! —
Zu läugnen ist auch nicht, dass die endlosen politischen
Zänkereien, welche gegenwärtig beinahe auf allen Punkten

unseres Vaterlandes herrschen, mittelbar und unmittelbar zum Misslingen unserer Unternehmung beigetragen haben. Auch der heutige Tag ruft mit warnender Stimme den Schweizern zu, ihren so unfruchtbaren Hader endlich verstummen zu lassen, um ein desto aufmerksameres Ohr den Geboten der Selbsterhaltung leihen zu können, die aus der mit gewaltiger Kraft rings um sie sich entwickelnden Industrie des Auslandes für sie hervorgehen".

Conrad von Muralt schloss die Versammlung mit dem Wunsche, „dass es bald einer neuen Gesellschaft gelingen möge, das Unternehmen zu verwirklichen."

Eine besondere Liquidationskommission richtete die eingezahlten 4% an die Aktionäre aus und schrieb am 17. Januar 1842 sämtliche Vorarbeiten (Pläne und Berechnungen) zum Verkauf aus. Sie wurden samt den übrigen der Gesellschaft zustehenden Gegenständen (Messinstrumenten und Mobilien) am 10. Febr. 1842 von Martin Escher-Hess zum Preise von 3600 Fr. erworben, welche Summe zur Zahlung des vorhandenen Defizits genügte, zumal C. v. Muralt auch für das letzte Jahr auf sein Gehalt von 3000 Fr. verzichtet hatte.

Von den Ergebnissen der Liquidation gab die Direktion den Aktionären am 24. März 1842 offiziell Kenntnis.

III.

Im zürcherischen Finanzrate war am 20. Januar 1842 von einer *Mehrheit* beschlossen worden, „bei dem Regierungsrate darauf anzutragen, es möchte derselbe an der bevorstehenden öffentlichen Versteigerung der Pläne und Akten (der Basel-Zürcher-Bahngesellschaft) behufs Anschlusses an eine Gesellschaft zur Erwerbung derselben durch Abgeordnete teilnehmen und zu dem Ende hin letzterem einen Kredit von 4000—5000 franz. Franken eröffnen". Eine Minderheit hatte beantragt, „an der Versteigerung gar keinen Anteil zu nehmen, und eine zweite Minderheit, nur einen Kredit von 2000 bis 3000 franz. Franken zu bewilligen". Der Reg.-Rat hatte darauf am 22. Januar beschlossen, sein Mitglied Ed. Sulzer an die Versteigerung abzuordnen, ihm aber nur eine Summe von 2000—3000 Fr. zur Verfügung zu stellen. Als jedoch Martin Escher-Hess, hinter dem noch 7 andere Private standen, die Pläne um 3600 Fr. erworben hatte, traf Sulzer unterm 1. April mit den „8 hiesigen Privaten eine Uebereinkunft, wonach die Regierung an die auf 3600 Fr. sich belaufende Kaufsumme der fraglichen Pläne u. s. w. 2100 Fr. beiträgt, überdies für die sichere und unentgeltliche Aufbewahrung derselben sorgt, und dafür als Teilnehmer der (Plankauf-) Gesellschaft mit bestimmten Rechten erscheint". Auf Empfehlung des Finanzrates vom 12. April 1842 wurde dieses Uebereinkommen am 19. gleichen Monats von der Regierung gutgeheissen.

Mit diesen Plänen schien das ganze Projekt „ad acta" gelegt zu sein. Das Volk aber dachte anders. Eine ganze Reihe zürcherischer Gemeinden wandte sich an den Grossen Rat, zum Teil auch an die Regierung mit dem Gesuch, es möchte die hohe Landesbehörde sich mit den andern beteiligten Schweizerregierungen befreunden und suchen, im Einklange mit diesen ein Werk auszuführen, das ihnen und dem Vaterlande zu grossem Vorteile und zur Erhaltung des Wohlstandes gereichen werde. Solche Petitionen kamen am 11. Dezember 1842 von den Gemeinden Uitikon, Weiningen und Wiedikon, am 14. von Buchs und Beroldsweil, am 17. von Albisrieden, am 18. von Fluntern, Höngg, Seebach, Wollishofen und Zollikon, am 19. von Niederglatt-Nöschikon, Otelfingen und Schwamendingen, am 20.—23. von Enge, Hofstetten, Affoltern und Hottingen, am 16. Januar 1843 von Winterthur und am 16. Februar 1843 von Hirslanden. Offenbar waren dieselben die Frucht der Thätigkeit der Eisenbahnfreunde. Ihre Wirkung zeigte sich in einem mit Mehrheit gefassten Beschlusse des Finanzrates vom 27. Januar 1843, bei dem Regierungsrate darauf anzutragen, „es möchte durch eine besondere Abordnung mit den Regierungen der h. Stände Aargau, Baselland und Baselstadt in Unterhandlungen eingetreten werden, um sich wo immer möglich über den Bau einer Eisenbahn von Basel nach Zürich zu verständigen und zu dem Ende hin als Grundlage hiefür festgestellt werden, dass die *Regierungen ein Zinsminimum von 3% auf die Dauer der zu erteilenden Konzession gewährleisten*, und dass von dieser Garantie jeder der drei Kantone Zürich, Aargau und Basel (Stadt und Land zusammen) einen Dritteil übernehmen".

Darauf ernannte die zürcherische Regierung als Abgeordnete zu den Verhandlungen die Herren Reg.-Rat Ed. Sulzer und alt Erziehungsrat M. Esslinger, die aargauische die Herren Oberst Frey-Herose und Oberstlieutenant Gottlieb Herzog.

Am 8. März fand eine Konferenz der Zürcher und Aargauer Abgeordneten zu Aarau statt. In derselben führten die Zürcher aus, dass von Basel wohl kaum Hülfe zu erwarten sei, da dieses „ohne Opfer oder doch nur mit sehr geringen Anstrengungen bereits die Elsässer-Bahn innerhalb seiner Mauern ausmünden sehe und ein ähnliches Resultat von der Baden'schen Bahn erwarten dürfe". Um so sicherer hoffe Zürich bei der Zinsengarantie für ein Baukapital von 12—15 Millionen franz. Franken auf die Beteiligung des Aargau, durch dessen Gebiet ⁴/₅ der projektierten Bahn laufe. Eventuell schlagen sie den Bau einer Eisenbahn von Zürich durch das Limmatthal über Baden, Siggingen, Dettingen, Klingnau nach Koblenz vor, wo die Bahn in die in Aussicht gestellte von Lörrach an den Bodensee zu führende Baden'sche Bahn ausmünden würde. Eine solche Bahn hätte den grossen Vorteil einer geringeren Kapitalauslage, indem die hierfür nötigen Summen mit Inbegriff der Zinse während der Baujahre höchstens 6 Millionen franz. Fr. betragen würde. Sollte der Aargau zu keinem der beiden Projekte Hand bieten, so bliebe Zürich kein anderes Mittel, sich mit dem allgemeinen Eisenbahnnetze in Verbindung zu setzen, als der Zug durch das Glatthal behufs eines Anschlusses an die bereits erwähnte Baden'sche Eisenbahnlinie.

Die aargauischen Abgeordneten erklärten die Ausführung einer schweizerischen Eisenbahn als eine Ehrensache für die beteiligten Kantone, ferner, dass nur durch eine Zinsengarantie die nötigen Kapitalien erhalten werden könnten; trotzdem würde ihr Grosser Rat eine solche nicht zugestehen und höchstens 500 Aktien übernehmen. „Uebrigens sei der Anschluss an das Grossherzogtum Baden nicht populär, da die Regierung dieses Landes sich stets in ihren nachbarlichen Verhältnissen zur Schweiz ungeneigt, ja feindselig gezeigt habe". Der Aargau könne nur eine Linie finanziell unterstützen, die „mit Benutzung technischer Fortschritte im Eisenbahnwesen, entweder *über oder durch den Bötzberg* führend, die durch Bevölkerung und Gewerbfleiss bedeutendsten Gegenden des Kantons durchschnitte". Das *Projekt eines Bahnzuges durch das Glatthal wurde als ein Unglück für die Schweiz bezeichnet.*

Die Zürcher Abgeordneten erwiderten, eine Aktienbeteiligung des Aargaus mit 500 Aktien sei als zu gering unannehmbar; sie wiesen an der Hand der Renditen bereits bestehender Bahnen die Ungefährlichkeit einer Zinsgarantie von 3% nach und teilten mit, „es sei von zwei ausgezeichneten Ingenieuren, dem Herrn Negrelli und dem Herrn Locke, übereinstimmend die Unzweckmässigkeit, ja Unausführbarkeit eines Bahnzuges durch den Bötzberg erkannt und bei näherer Untersuchung durch schweizerische Ingenieure bestätigt worden". Wenn Aargau den Zürchern nicht helfe, so müsse die Glatthalbahn gebaut werden, wodurch der Aargau „vom Eisenbahnverkehr abgeschnitten, alle Nachteile einer isolierten Lage tragen müsste".

In ihrem Konferenzberichte an die Regierung (15. März 1843) beantragen die Zürcher Abgeordneten näheres Studium der Koblenzer und der Glatthal-Linie und Unterhandlungen mit der Baden'schen Regierung, „sowohl um genaue Daten über die Ausführung des Projektes einer Eisenbahn von Lörrach nach dem Bodensee, als auch, um, je nach den Beschlüssen der Regierung des Kantons Aargau, über den Anschlusspunkt an diese Bahn sich zu verständigen und die übrigen für die Erleichterung des Verkehrs so wesentlichen Punkte zu besprechen".

Um die beiden Basler Regierungen für die Sache zu gewinnen und zur Teilnahme an einer gemeinsamen Konferenz zu bewegen, sandte die aarg. Regierung eine Abordnung an diejenige von Baselstadt und Baselland. Letztere zeigten sich „keineswegs abgeneigt", und deshalb ersuchten „Landammann und kleiner Rat des Kantons Aargau" am 20. April 1843 die „getreuen, lieben Eidgenossen" zu Zürich, eine gemeinsame Konferenz der Regierungsabgeordneten der vier Territorialstände auf die ihnen „schicklich scheinende Zeit und Weise auszuschreiben". In Zürich hatte inzwischen der vielfach bewährte Oberst Hegner den Auftrag erhalten, einen „Bericht über den Anschluss des Bahnzuges über Dettingen an den Rheinübergang bei Koblenz nach Waldshut hinüber, sowie über die dynamischen Verhältnisse dieses Bahnzuges von Zürich hinweg auf dem linken Limmatufer bis Baden und von da bis zu bemeldetem Rheinübergange" zu erstatten. Er lieferte denselben am 6. Mai ein, und am 12. des gleichen Monats ein einlässliches Gutachten über den „Bahnzug von Zürich durch das Glatthal bis an den Rhein".

Am 25. April lud die Zürcher Regierung die übrigen Territorialstände ein, ihre Abgeordneten zu einer Konferenz zu senden, die auf den 17. Mai nach Baden anberaumt wurde. Schon am 4. Mai schrieb die Basellandschaftliche Regierung:

Der Regierungsrath
des
Kantons Basel-Landschaft
an
Bürgermeister und Regierungsrath des Kantons Zürich.

Getreue, liebe Eidgenossen!

„In Eurer verehrlichen Zuschrift vom 25. April 1843 schlagt Ihr uns den 17. Mai, Vormittags um 10 Uhr als Zeitpunkt und Baden als den Ort zur Versammlung einer gemeinschaftlichen Konferenz der nächst betheiligten Kantone vor, zur Besprechung des Baues einer Basel-Zürcher Eisenbahn.

Wir dürfen Euch, getreue, liebe Eidgenossen, in Erwiderung hierauf nicht verschweigen, dass wir überhaupt in der Gewissheit leben, es werde keine Eisenbahn unserm Kantone die Vortheile jemals ersetzen können, welche derselbe bei den gegenwärtigen Verkehrsmitteln und der jetzigen und in Zukunft zu verhoffenden Entwicklung des Handels und Wandels daraus zieht, und es würde die Ausführung einer Basel-Zürcher Eisenbahn nach dem früher bekannt gewordenen Plane den Rhein aufwärts nach der Mündung der Aare in denselben, den Bewohnern der Landschaft eine Hauptquelle ihres Wohlstandes, welche sie in dem äusserst lebhaften Durchgang von Reisenden und Handelsgegenständen durch denselben findet, mit einem Male abgraben. Wir finden sogar, dass die Landschaft, wenn sie zu dem in Frage liegenden Unternehmen beihelfende Hand bieten würde, nicht einmal den vollen Trost für sich haben könnte, dass sie ein dem allgemeinen Vaterlande erspriessliches Werk fördere.

Wird es sich einst um die Besprechung der Bedeutung des europäischen Eisenbahnwesens für die Schweiz im Ganzen, und die in Bezug hierauf vorzunehmenden Schritte handeln müssen, so werden wir uns dann allerdings einer auf solche Grundlage hin berufenen Konferenz nicht entziehen; hinsichtlich des gegenwärtigen Falles hingegen finden wir uns bewogen, Euere gefällige Einladung abzulehnen.

Wir benützen indessen den Anlass, Euch, getreue, liebe Eidgenossen, unserer vollkommenen Hochachtung zu versichern und nebst uns in Gottes Fürsicht bestens zu empfehlen."

An der Badener Konferenz vom 17. Mai waren vertreten: Zürich durch die Herrn Ed. Sulzer und M. Esslinger, der Aargau durch Oberst Frey-Herosé und Baselstadt durch Ratsherr Minder und Prof. Bernoulli. Die Verhandlungen blieben abermals ohne positives

Resultat. Der Aargau lehnte jede Subvention für eine Bahn ab, die nicht durch den Bötzberg in der Richtung nach Brugg führe; er habe bereits mit der Untersuchung dieses Tracés begonnen. Im übrigen nehme er jedes andere Eisenbahnprojekt an, „sobald es sich nicht um direkte Unterstützung handle." Basel erklärte, dem Unternehmen einer Basel-Zürcher Eisenbahn nicht abhold zu sein, obgleich es nicht im Falle wäre, hierfür grössere Opfer zu bringen. Mit grosser Wahrscheinlichkeit sei anzunehmen, dass das Grossherzogtum Baden eine Eisenbahn auf dem rechten Rheinufer nach dem Bodensee bauen werde. Ebenso sei vorauszusetzen, dass die badische Regierung nächstens mit Basel über die Weiterführung der badischen Bahn bis an die Thore von Basel unterhandeln werde, wo dann die Regierung von Basel mit Berücksichtigung schweizerischer Interessen sich ohne Zweifel geneigt zeigen werde, die Bedingung zur Aufnahme schweizerischer Zweigbahnen in die badische Bahn zu stellen. Gegenwärtig halte sie aber den Zeitpunkt nicht für geeignet, unmittelbare Schritte für den Bau einer Eisenbahn zu thun, sondern rate zuzuwarten und zu gewärtigen, wie sich die badenschen Eisenbahnverhältnisse des Fernern gestalten werden.

Auf die aargauische Anregung bezüglich einer Bötzberglinie entgegnete Esslinger: „Die durch Ingenieure von anerkanntem Rufe erstatteten Berichte zeigen, dass abgesehen von den *Kosten eines Tunnels durch den Bötzberg*, welcher nach dem Zugeständnisse Aargaus allein über *1,200,000 frz. Frk.* kosten würde, die Terrainverhältnisse auf dem gegen 6½ Stunden langen Zug von Baden bis Stein so ungünstig seien, dass sie ganz ausser die Grenzen der Gefällsverhältnisse fallen, welche für den Eisenbahnbau als zulässig angenommen werden. Daher könne sich Zürich auf ein solches, die Schwierigkeiten mehrendes Projekt nicht einlassen, wolle indes gerne das Resultat der Untersuchungen von Aargau gewärtigen und wünsche einzig, dass seine Vorschläge dann ebenso grosse technische Autoritäten für sich haben mögen, als der *von Negrelli und Locke als einzig* *ausführbar**) bezeichnete Bahnzug auf schweizerischem Gebiet.*" Die Frage des aargauischen Abgeordneten, „ob Zürich schon in Ueberlegung gezogen habe, wie sich die Eisenbahn, einmal bei ihm angekommen, weiter entwickeln, und *ob der Zug nach dem Splügen oder nach dem Gotthard eingeschlagen werden solle*", beantwortete Esslinger dahin: „Zürich erblicke in der Weiterführung nur eine ins Unabsehbare führende Komplikation, deren Lösung schon jetzt schwierig genug sei. Man wisse übrigens, dass Chur im letzten Jahr Schritte für die Realisierung eines mit Benutzung der Dampfschiffahrt auf den Seen bis an den Fuss des Splügen führenden Schienenweges gethan habe; und stelle sich dieser Gedanke auch als der erste dar, so sei nicht zu bezweifeln, dass auch die Richtung gegen den Gotthard in Betracht gezogen würde. — Die Besorgnisse, die Regierung von Baden möchte zeitweise dem Betrieb der Schweizerbahn Hindernisse in den Weg legen, könne Zürich nicht teilen; denn *es liege in der Natur des Eisenbahnverkehrs, Differenzen, welche eine Sperre der wichtigsten Kommunikation mit sich führen, beinahe unmöglich zu machen*". Falls das Projekt Basel-Zürich nicht die gewünschte Unterstützung finde, werde es sein volles Interesse der Bahn nach Koblenz zuwenden, eventuell als letztes Auskunftsmittel die Richtung durch das Glatthal einschlagen.

In ihrem Berichte an die Regierung machten Sulzer und Esslinger darauf aufmerksam, dass, falls die badische Bahn nach Konstanz wirklich ausgeführt würde, „der Bau einer mit derselben konkurrierenden schweizerischen Eisenbahn als eine wahre Verschwendung kaum zu erschwingender Kapitalien erschiene". Darum müsse sich der Regierungsrat Gewissheit verschaffen, „ob die Regierung des Grossherzogthums Baden mit Ernst an die

---

*) Dass *Negrelli* eine solche Behauptung *nicht* aufgestellt haben kann, geht aus pag. 196—199 seiner im Jahre 1838 bei Ch. Beyel in Frauenfeld erschienenen Schrift „*Ausflug nach Frankreich, England und Belgien zur Beobachtung der dortigen Eisenbahnen*" hervor.

Weiterführung ihrer Bahn von Basel (oder Lörrach) nach Konstanz denke, welchen Zeitpunkt die Ausführung dieses Projektes umfassen könnte, und inwiefern die Grossh. badensche Regierung den Anschluss einer von Zürich ausgehenden Zweigbahn befördern würde.

IV.

Zwei Jahre lang ruhten die Eisenbahnangelegenheiten Zürichs fast gänzlich; da nahm sie ein Mann in seine starke Hand, der Energie und rastlose Thätigkeit besass, um auch die grössten Hindernisse zu überwinden. Es war *Martin Escher-Hess*, vom Volke später der „Dampfescher" genannt, zum Unterschiede vom „Spinnescher", seinem Vetter C. Escher, dem Besitzer einer Spinnerei und Maschinenfabrik.

M. Escher reichte im Verein mit Kd. Ott-Imhof, S. Pestalozzi, Schulthess-Landolt und Schulthess-Rechberg, nachdem er sich auch der finanziellen Hülfe hervorragender Häuser des Auslandes versichert hatte, am 24. Mai 1845 der Zürcher Regierung das Konzessionsgesuch für eine Eisenbahn von Zürich nach Basel und Aarau ein. Das Projekt wich von dem früher konzessionierten namentlich dadurch ab, dass die Linie bei Koblenz den Rhein überschreiten und sich auf dem *rechten* Flussufer Basel nähern sollte. Eine andere Abweichung vom früheren Tracé lag darin, „dass der Zug nicht schon in der Gegend des Kessels, sondern erst unterhalb Baden in der Gegend von Rieden die Limmat überschreitet", welche Modifikation „den doppelten Vorteil einer näheren Verbindung mit Baden und einer leichtern Verzweigung mit Aarau" bot. Dem Konzessionsgesuch waren „Fundamentalstatuten" beigelegt. Sie fixierten das Kapital der zu gründenden Gesellschaft auf 20,000,000 franz. Franken, eingeteilt in 40,000 Aktien zu 500 Fr. (§ 1), *„Sollte es die Gesellschaft ihrem Interesse angemessen erachten, die Eisenbahn weiter fortzuführen, entweder von Aarau südwestlich, oder von Zürich*

Nach einem anno 1845 in Wien gezeichneten Porträt.

Martin Escher-Hess.

mit Benützung der Wasserstrassen nach Graubünden an den Fuss der Alpenpässe, oder überhaupt in einer andern Richtung, so kann sie dieses nach Erlangung der hoheitlichen Konzessionen auf den Antrag der Direktion in einer dafür auszuschreibenden General-Versammlung, mittelst Emmission neuer Aktien beschliessen." (§ 2). Die Einzahlungen sollen in nachfolgender Weise stattfinden: 10% gegen Aushingabe der auf Namen lautenden Aktienpromessen an die provisorische Direktion; 10% beim Anfang des Baues, 10% vier Monate später, der Rest ebenfalls zu je 10%, aber niemals in kürzeren Terminen als vier Monaten (§ 3). Die fünf „Stifter der Gesellschaft" bilden die *provisorische Direktion* und verwalten ihr Amt *unentgeltlich* (§ 10).

Ende Mai reisten M. Escher und Ott-Imhof mit einem Empfehlungsschreiben der Regierung nach Karlsruhe, um dort wegen des eventuellen Bahnanschlusses zu verhandeln.

In Zürich selbst wurde unterdessen wacker an einem neuen Konzessionsentwurf gearbeitet. Derselbe wurde am 19. Juni endgültig fertig gestellt, am 26. gl. Mts. vom Gr. Rate behandelt und mit wenigen Aenderungen angenommen, und am 28. Juni von der Regierung publiziert. (Siehe Beilage II.)

Auch der Grosse Rat des Kantons Aargau beschloss am 3. Juli 1845 ein „Dekret über Konzession und Expropriation für den Bau einer Eisenbahn von Zürich bis Koblenz an den Rhein und nach Aarau." Dieses Dekret unterschied sich von dem früheren u. a. dadurch, dass es die Konzessionsdauer nicht mehr mit 99, sondern mit 75 Jahren und die Frist für den Baubeginn nicht mehr auf drei, sondern auf zwei Jahre ansetzte, konform den zürcherischen Bestimmungen. (Siehe Beilage III.)

Auch jetzt fehlte es dem Projekte nicht an unerwarteten Gegnern. So erhielt die Zürcher Regierung unmittelbar vor der Konzessions-Erteilung folgendes Schreiben:

Bern, den 24. Juli 1845.

Der Regierungsrat des Kantons Bern
an
Bürgermeister und Regierungsrat des Kantons Zürich.

Getreue liebe Eidgenossen!

„Wir vernehmen, dass Ihr mit den nächsten Tagen mit der Frage der Anlegung einer Eisenbahn zwischen Zürich und Basel und zugleich der Wahl einer der beiden hierfür sich darbietenden Linien über Olten oder über Waldshut Euch beschäftigen werdet.

Obwohl diese Angelegenheit die Interessen des Kantons Bern mittelbar auch berührt, treten dieselben doch hiebei nicht in die vorderste Linie. Aus diesem Grunde kann sich unsere Aufmerksamkeit um so ungeteilter der Auffassung des Gegenstandes aus dem rein nationalen Standpunkt zuwenden.

Die Einrichtung von Eisenbahnen in der Schweiz wird, das kann man sich nicht verhehlen, nicht nur auf ihre Verkehrsverhältnisse, sondern auch auf ihre Politik eine mächtige Rückwirkung üben. Wir wünschen mit Euch und allen andern Eidgenossen, dass dieselbe zur Einigung und Stärkung unseres Vaterlandes, zur Förderung der Kultur und der materiellen Wohlfahrt desselben dienen werde. Die Bedingungen zur Erreichung dieses Zieles scheint uns nun kein Bahnsystem in solchem Masse darzubieten, wie dasjenige, wodurch Olten zum Hauptknoten der schweizerischen Schienenwege gewählt würde, Olten im Herz der flächern Schweiz gelegen, vermöge der Beschaffenheit des Terrains zur Entsendung von Zweigbahnen nach West, Süd und Ost, vorzüglich eignend und den Einwirkungen ausländiger Verhältnisse ganz entzogen.

Da Ihr, getreue, liebe Eidgenossen, durch Euere direkte Beteiligung bei der Anlage der ersten schweizer. Eisenbahn berufen seid, einen grossen Einfluss auf die Besserstellung der Grundlage unseres künftigen Eisenbahnsystems zu üben, so zweifeln wir in keiner Weise, dass Ihr vor allem bedacht sein werdet, die Rücksichten auf das Interesse des weitern Vaterlandes mit den Rücksichten auf die Bedürfnisse Eurer eigenen möglichst zu verbinden. Nichtsdestoweniger erachten wir es in unserer Stellung als freundeidgenössisch verbündeter Stand gegen Euch, getreue liebe Eidgenossen, den lebhaften Wunsch zu äussern, Ihr möchtet bei der bevorstehenden Beratung über die Wahl einer Eisenbahnlinie nach Basel dem Bahnprojekte über *Olten* den Vorzug geben.

Indem wir mit gespanntem Interesse Eueren daherigen Entschliessungen entgegensehen und Euch höflichst um eine baldige Mitteilung derselben ersuchen, ergreifen wir den Anlass, Euch getreue liebe Eidgenossen, nebst beidseitiger Empfehlung in die Obhut Gottes vollkommener Hochachtung zu versichern".

Namens des Regierungsrates:
Der Schultheiss: C. Neuhaus.

Ein ähnliches Schreiben sandte Bern an die aarg. Regierung, erhielt aber von dieser einen ebenso ablehnenden Bescheid, wie von Zürich.

Nachdem die Konzessionsangelegenheit geregelt war, wurde die Bauvorbereitung energisch betrieben. Da in den Fundamentalstatuten Negrelli, damals „Generaldirektionsinspektor der k. k. österreich. *Staats*eisenbahnen", für die Oberleitung des Baues in Aussicht genommen war, wandte sich die Direktion durch die Zürcher Regierung in einem Schreiben an den Geschäftsträger der schweizerischen Eidgenossenschaft in Wien, Effinger von Wildegg, mit dem Gesuche, eine von ihr verfasste Eingabe betr. Urlaubsbewilligung für Negrelli dem österr. Fürsten Staatskanzler zu überreichen. Effinger wurde in dieser Sache mit „Noten vom 17. Juli und 29. August" beim Fürsten Metternich vorstellig, und dieser veranlasste trotz einiger Bedenken des Hofkammerpräsidenten Baron Rubeck v. Kübau die Beurlaubung Negrellis am 4. Oktober. Auch Martin Escher, der sich damals der Finanzierung wegen in Wien aufhielt, trat selbstverständlich für die Beurlaubung ein.

Erwähnt sei hier noch eine Eingabe der Vorsteherschaft der Winterthurer Kaufleute an die Regierung: „dass bei der Auswahl, Festsetzung und Ausführung des Bahnhofes in Zürich die mögliche Fortsetzung der Eisenbahn über Winterthur nach dem Bodensee im Auge behalten, demnach als Grundsatz erklärt werde, dass bei der Feststellung des Bahnhoflokals in oder bei Zürich von Seite der Gesellschaft hierauf Rücksicht genommen und die Vorschläge hiezu der Genehmigung der Regierung unterlegt werden".

Gleich nach Negrellis Ankunft in Zürich (November) wurde mit den Aussteckungsarbeiten begonnen. Die Pläne und Kostenberechnungen der früheren Basel-Zürcher-Eisenbahngesellschaft wurden von der Regierung gegen Rückerstattung des s. Z. gegebenen Beitrags von 2100 Fr. an diese und nach Abfindung der „8 Privaten" an die provisorische Direktion der „schweizerischen Nordbahn" ausgeliefert. Das Ingenieurbureau wurde unter die Leitung der Ingenieure Wild und Bürkli gestellt. Negrelli begab sich auch in Begleitung eines Mitgliedes der provisorischen Direktion nach Karlsruhe, um daselbst in verschiedenen Beziehungen im Interesse der Unternehmung zu wirken, und erhielt bei dieser Gelegenheit von der grossherzoglichen Oberdirektion des Strassen- und Wasserbaues einen sehr wertvollen Plan des ganzen Geländes von Waldshut bis Basel, was ihm erlaubte, auch auf dieser Linie das Tracé vorläufig zu bestimmen. Die Pläne für die Bahnhöfe in Zürich und Baden und für die Brücke über die Sihl bei Zürich verfertigten die Architekten Wegmann und Ferd. Stadler. Den Winter über konnten die Katastervermessungen von Zürich bis Baden vollendet und Einleitungen zur Expropriation von Zürich bis an die Kantonsgrenze bei Dietikon getroffen werden.

Ueber das „Tracé der Bahn" machte Martin Escher an der I. Generalversammlung folgende Mitteilung: „Der Hauptzug beginnt in der Platzpromende bei Zürich und zieht sich bald in grösserer, bald in geringerer Entfernung von der Limmat immerfort zwischen dem linken

Ufer der Limmat und der Poststrasse über Dietikon und Baden nach Turgi. Hier überschreitet die Hauptbahn die Limmat, folgt sodann dem rechten Aareufer bis Koblenz, führt daselbst über den Rhein und hierauf dem rechten Rheinufer entlang an Waldshut, Laufenburg, Säckingen und Rheinfelden vorbei bis zu der Strasse von Basel nach Lörrach zunächst Kleinbasel, während die Zweigbahn zwischen Turgi und Windisch die Reuss überschreitet und dem rechten Aareufer entlang an Brugg und Schinznach vorbei nach Aarau führt. Für die Verzweigung mit Aarau kam zwar auch noch ein anderer, kürzerer Zug, der über Lenzburg, in Betracht. Allein während der Zug über Brugg keine Terrainschwierigkeiten und sehr günstige Gefälle darbietet, findet das Entgegengesetzte bei dem Zuge über Lenzburg statt. Es kann indessen doch auch Lenzburg und zwar von Wildegg aus mit der Bahn berührt werden.... Als bedeutende Kunstbauten müssen betrachtet werden der Sihlübergang bei Zürich, der 300 Fuss lange Tunnel bei Baden, die Brücken über die Limmat und Reuss bei Turgi, jede von etwas über 200 Fuss Oeffnung, die Brücke über den Rhein bei Koblenz von ca. 600 Fuss Oeffnung und die Passagen bei Hauenstein (Grossherzogtum Baden) und Klein-Laufenburg."

Das für den Zürcher Bahnhof nötige Terrain von 360,000 Quadratfuss wurde der Nordbahn von der Stadt unentgeltlich abgetreten. Die „Freitagszeitung" vom 6. Februar 1846 schreibt darüber:

„Am 5. Februar nahm die Bürgergemeinde von Zürich den vom grössern Stadtrate an sie gestellten Antrag, betreffend unentgeltliche Abtretung eines Teils des Schützenplatzes zur Anlegung eines Bahnhofes für die schweizerische Nordbahn, mit an Einmut grenzender Mehrheit an, gegenüber einem Antrag auf Rückweisung. Der angenommene Antrag unterscheidet sich von dem des engern Stadtrates in der Weise, dass einerseits nicht die Gesellschaft, sondern die Stadt die Verpflichtung gegen die Schützengesellschaft zu übernehmen hat, hinsichtlich der Anweisung eines andern Schiessplatzes, — auf der andern Seite aber *die Stadt das abgetretene Land bei Nichtzustandekommen der Bahn oder späterer Verlegung des Bahnhofes ohne Leistung von Entschädigung wieder an sich ziehen kann.* — Man spricht davon, es werde später ein Antrag kommen, diese Schenkung aus dem Korporationsgute der Bürgerschaft dieses aus dem Stadtgute einigermassen zu ersetzen. (?) — Es ist schwer, jetzt schon ein Urteil darüber zu fällen, ob diese Beschlüsse der Gemeinde wirklich zum Vorteil dienen werden, oder ob sie sich damit nicht in ein Labyrinth verwickele, aus welchem herauszukommen es neue und grosse, vielleicht fast unerschwingliche Opfer erfordern wird."

Die Kostenberechnung für die Sektion Zürich-Baden enthielt folgende Ansätze:

„1. Grundeigenthum mit Inbegriff der wegzuräumenden Gebäulichkeiten . . . Fr. 356,000
2. Erdarbeiten, Felsdurchbrechungen und Strassenverlegungen . . . . . . „ 459,800
3. Kunstarbeiten . . . . „ 233,200
4. Oberbau . . . . „ 946,880
5. Stationen, Bahnwarthäuser und Einfriedungen . . . . „ 478,000
6. Verwaltung und Direktion der Arbeiten „ 50,000
7. Transportmittel . . . . „ 444,000
8. Verzinsung des Baukapitals . . . . „ 120,000

Zusammen Fr. 3,087,880

eine Summe, in welcher der Bahnhof von Zürich mit Fr. 250,000 und derjenige von Baden mit Fr. 120,000 kompariert."

Da gleich nach Erlangung der Zürcher und Aargauer Konzession mit der Aktienzeichnung begonnen worden war, schrieb die provisorische Direktion, gestützt auf § 12 der Fundamentalstatuten („Spätestens 6 Monate nach der ersten Zahlung wird von der provisorischen Direktion eine Generalversammlung der Actionnairs einberufen, zu welcher die Einladung in allen zweckdienlich scheinenden öffentlichen Blättern des In- und Auslandes, namentlich offiziell in der Allgemeinen Augsburger Zeitung bekannt gemacht werden soll. — Dieser Generalversammlung wird Bericht erstattet und ein Entwurf der definitiven Statuten zur Berathung vorgelegt. Die vorstehenden Bestimmungen der Fundamentalstatuten dürfen jedoch in keiner Beziehung abgeändert werden") unterm 5. Februar 1846 eine Generalversammlung auf den 16. März in das Kasino in Zürich aus. An derselben waren 21,792 Aktien mit 1472 Stimmen vertreten. Im ganzen war, statt für 40,000, nur für 32,939 Aktien die erste Einzahlung von 10% geleistet worden. In dieser Angelegenheit beschloss die Generalversammlung:

„1. Die Gesellschaft erklärt sich constituiert.

2. Die Direktion wird ermächtigt, zur Deckung des Voranschlages der Baukosten im Betrage von 17 Millionen franz. und zur Realisierung eines Betriebskapitals, von den noch nicht einbezahlten Aktien 2061 Stück zu begeben, wie sie es dem Interesse der Gesellschaft angemessen erachtet, jedoch vorzugsweise zur festen Plazierung in den von der Bahn durchzogenen Gegenden.

3. Die restierenden 5000 Stück Aktien sind in Reserve zu behalten und dürfen auch späterhin, ganz oder theilweise nur begeben werden, nachdem die Generalversammlung der Aktionärs, auf den ihr hiefür gestellten Antrag der Direktion und des Ausschusses, die Ermächtigung dazu ertheilt hat."

Der vorgelegte Entwurf für definitive Gesellschaftsstatuten wurde gemäss den Anträgen des Referenten, Reg.-Rat Esslinger, genehmigt, die Direktion aus den Herren Martin Escher-Hess, Präsident, Ott-Imhof, Schulthess-Rechberg, Reg.-Rat Esslinger und Vögeli-Wieser, sämtlich von Zürich, bestellt, und der aus 11 Mitgliedern bestehende Ausschuss aus den Herren: Reg.-Rat Ed. Sulzer von Winterthur, Präsident, Salomon Pestalozzi von Zürich, Schulthess-Landolt von Zürich, Bürgermeister Dr. jur. utr. Furrer von Winterthur, a. Bürgermeister v. Muralt von Zürich, Landammann Frei-Herose von Aarau, Reg.-Rat Schaufelbühl von Laufenburg,

a. Bürgermeister Hess von Zürich, a. Oberrichter Ulrich von Zürich, Escher-Pestalozzi von Zürich und Hans Stockar-Escher von Zürich zusammengesetzt.

Der letzte, 61. Paragraph der Statuten, die am 2. April die regierungsrätliche Genehmigung erhielten, bestimmte:

„*Die Direktion hat den Bau der Bahn*, nach Massgabe der Statuten und auf Grundlage der bereits von ihr erlangten oder noch zu erlangenden Konzessionen, so weit es die Vorarbeiten gestatten, *sogleich zu beginnen* und mit möglichster Förderung fortzuführen und zu vollenden, wofür, vom Beginn der Arbeiten an gerechnet und ausserordentliche Ereignisse vorbehalten, ein Zeitraum von drei Jahren festgesetzt wird."

Die Beschlüsse der Generalversammlung vom 16. März verscheuchten die letzten Zweifel an der endlichen Realisierung des Projektes. Die Stadt Zürich brachte den thatkräftigen Initianten dafür eine begeisterte Huldigung dar. „Das diesjährige Sechseläuten", schreibt die „Freitagszeitung vom 27. März, „ward letzten Montag mit einem grossartigen Fackelzuge — man zählte gegen 800 Fackeln — gefeiert, durch welchen man die Verdienste des Herrn Escher-Hess und der übrigen Männer des provisorischen Komitees um die Eisenbahn ehren wollte."

Die beiden Basler Halbkantone wollten freilich noch immer nicht an die Erteilung einer Konzession gehen, so dass die „Freitagszeitung" am 24. April höhnend äussern durfte:

„Die Bemühungen unserer lieben und teuern Eidgenossen im Aargau bei unsern lieben und teuern Eidgenossen in Baselstadt und Baselland scheinen plötzlich gescheitert zu haben. Dass Baselstadt einen Hofbescheid gegeben, haben wir bereits berichtet, und die Sache wird auch von andern Blättern gleichartig angesehen. Die Herren Bürger in Liestal aber, die wollten von einer Züricher-Rheinbahn nun gar nichts wissen, und sie machen selbst für eine Oltnerbahn Bedingungen, ob denen einem der Verstand still steht, und bei denen man sich fragen muss, ob man selbst oder ob man in

Baselland verrückt sei .... Alles zum Frommen und zur Ehre eidgenössischer Freundschaft und Liebe. Es scheint sich somit mehr zu ergeben, dass der Zürcher einziger Trost und einzige Hilfe bei den Badenschen stehe. Wie, wenn wir auch dort getäuscht würden?!.. Doch die „N. Z. Z." bringt wieder bessern Bericht. Die Regierung von Stadt-Basel hat an die von Aargau ein offizielles Schreiben gesendet, in welchem sie jetzt grosse Geneigtheit ausspricht, der Nordbahn die Konzession für eine linke Rheinuferbahn zu erteilen, die indes natürlich nur dann zu Stande kommen kann, wenn auch Baselland die Konzession erteilt; es sei denn, dass Baden erlauben würde, von Kaiser-Augst aus die Bahn auf das rechte Rheinufer hinüber zu nehmen."

Trotzdem schritt die Nordbahndirektion auftragsgemäss rasch ans Werk. Sie ernannte den St. Gallener Postdirektor Stirlin zum Generalsekretär, und vergab die Erstellung des Unterbaues für die ganze I. Sektion Zürich-Baden samt dem Tunnel an Major Halblützel von Trüllikon. Der Bau der beiden Brücken wurde den Unternehmern Arter und Koch übertragen. Die Expropriation im Kanton Zürich ging ohne Schwierigkeiten vor sich, nicht so jedoch diejenige im Kanton Aargau, wo die Grundbesitzer für die Landabtretung unmässige Forderungen stellten. — Der Zuzug der Bahnarbeiter machte selbstverständlich an verschiedenen Orten eine Vermehrung des Landjägerpersonals nötig. Eine solche verlangte der Bezirks-Statthalter von Zürich schon am 22. April 1846 in einer Eingabe an den Polizeirat, in welcher es u. a. heisst: „Da nunmehr die Bauarbeiten für die Eisenbahnstrecke von Zürich nach Baden zugesagt und die Expropriationen grösstentheils erledigt sind, so steht der Beginn der Arbeiten bevor, und eine Folge derselben wird ein bedeutender Zufluss von Arbeitern seyn, welche hauptsächlich in den Gemeinden Aussersihl, Wiedikon, Altstetten, Schlieren und Dietikon ihren Aufenthalt nehmen werden. Es lässt sich ebenfalls voraussehen, dass unter diesen Arbeitern viele schlechte Subjekte und zum Mindesten gesagt, eine grosse Anzahl solcher Leute seyn werde, welche ein herumziehendes, unordentliches Leben gewöhnt sind."

Am 27. April 1846 richtete die Direktion an die Zürcher Regierung zu Handen des Vororts der eidgenössischen Stände das Gesuch um Befreiung vom eidgenössischen Zoll für den Bezug von Schienen und Lokomotiven, da solche im Inlande ja nicht produziert würden. Der Vorort erledigte die Angelegenheit durch ein Kreisschreiben an die Stände (12. Mai).

Um die durch die schwierigen Expropriationsverhältnisse im Aargau erlittenen Zeitverluste möglichst wieder einzuholen, nahm die Direktion dem Unternehmer Halblützel einen Teil der schwierigen Baustellen ab.

Ueber den Bahnbau selbst entnehmen wir dem Protokolle der II. Generalversammlung der Nordbahn Folgendes:

Die Bahn hat eine Länge von 77,742 Fuss oder $4^9/_{10}$ Schweizerstunden und besteht zu $^3/_4$ in geraden Linien; mit Ausnahme der beiden Kurven gegenüber dem ehem. KlosterWettingen und vor dem Tunnel in Baden haben alle Kurven dieser Sektion Radien von 2000 Fuss und darüber. Die Gefällverhältnisse der Bahn sind auch günstig; beinahe die Hälfte derselben liegt horizontal und eine einzige Steigung beim Dorfe Spreitenbach beträgt 1 : 250 oder 4 per mille. Die übrigen Steigungen sind alle weit geringer.

Die meisten Anstrengungen erheischten die *Erdarbeiten* und *Felsdurchbrüche*. Auf zürcherischem Gebiete trat der morastige Boden hemmend entgegen. Weit grössere Arbeiten aber mussten schon unterhalb Dietikon vorgenommen werden, indem die Bahn in der Gegend von Spreitenbach auf eine Länge von 5500 Fuss, im Maximum 18 Fuss und durchschnittlich 8 Fuss tief eingeschnitten werden musste. Zwischen Killwangen und Neuenhof wurde die Bahn grösstenteils in den steil zum Limmatufer führenden Abhang eingeschnitten, wobei eine Menge Findlinge zu sprengen waren. Aber die grössten und mannigfaltigsten Arbeiten drängten sich in der nur ³/₈ Stunden betragenden Strecke von Wettingen bis Baden zusammen. Hier ist nämlich der Boden von Hügeln und Tiefungen in solchem Masse durchzogen, dass wer jetzt die Bahn befährt, ohne diese Gegend früher gekannt zu haben, sich unmöglich einen Begriff von der zur Herstellung des Niveaus nötig gewordenen Arbeit machen kann. Einschnitte wechseln mit Ausfüllungen, welche bis zu der Höhe von 60 Fuss ansteigen. Ueberdies war der Baugrund meistens von der schlechtesten Beschaffenheit, und es mussten die kostbarsten Vorkehrungen getroffen werden, um das Abrutschen sowohl der Bahn selbst als der nahe gelegenen Poststrasse zu verhüten. An andern Stellen, wo die Bahn im Einschnitte liegt, stiess man auf ganze Lager von Sandfelsen und Nagelfluh, deren Durchbrechung ebenfalls sehr viel Arbeit erheischte.

Auch der *Tunnelbau* bot besondere Schwierigkeiten dar, indem der südliche Abhang des zu durchbrechenden Schlossberges eine grosse Masse von zerklüfteten, mit Thonadern durchzogenen Felsen enthielt, sodass, nachdem man bereits einen senkrechten Abschnitt von beträchtlicher Länge hergestellt hatte, die ganze Masse in Bewegung geriet und dem weitern Nachrutschen durch Wandmauern von beträchtlicher Stärke Einhalt gethan werden musste. Wertvolle Weinberge wurden dabei zerstört und mehrere Gebäude bedroht, was bedeutende Entschädigungen nach sich zog.

Für den *Oberbau* wurde das Querschwellensystem mit breitfüssigen, sogenannten Vignolschen T-Schienen angewandt. Die Spurweite ist die fast allgemein angenommene von 4 Fuss 8½ Zoll englisch oder 4,784 Fuss schweizer. Mass.

Die Schienen sind in den geraden Linien und grössern Kurven 18 Fuss und in den geringern Kurven 15 Fuss lang und wiegen per laufenden Fuss 16,8 Pfd. Sie wurden durch Vermittlung des Hauses Escher, Wyss & Comp. aus englischen Gewerken bezogen.

Die *Querschwellen* von Eichenholz haben eine Länge von 7½ Fuss; sie sind in der Regel von Mitte zu Mitte auf 3 Fuss Entfernung gelegt. Bei Ausweichungen und Kreuzungen, sowie auf grossen Dämmen und überhaupt auf schwierigeren Punkten wurde für jede Schienenlänge 1 Schwelle mehr eingelegt. Die Querschwellen wurden von mehreren Lieferanten grösstenteils aus den Kantonen Zürich, Aargau und Schaffhausen bezogen. Statt der Schienenstühle werden bei diesem Systeme am Zusammenstosse zweier Schienen aus einem Stück gewalzte, sogenannte Chairsplatten und bei den Zwischenschwellen bloss 4 Zoll lange Kopfnägel zur Befestigung der Schienen angewandt. Die Chairsplatten und Nägel wurden durch Vermittlung des Hauses L. Paravizini in Basel aus den Gewerken der HH. Wies & Gradmann in Erbach (Rheinbaiern) bezogen.

Bei der Wahl der *Lokomotiven* und *Wagen* musste notwendig auf die den Eisenbahnbau in gebirgigen Gegenden bedingenden Verhältnisse und namentlich auf die auch bei dieser Linie öfter erscheinenden stärkeren Kurven Rücksicht genommen werden. Zu diesem Zwecke hin entschied sich die Verwaltung in Uebereinstimmung mit den bestimmt ausgesprochenen Wünschen des Herrn Generalinspektor Negrelli für Lokomotiven nach amerikanischem Systeme, die sich von den Maschinen nach englischer Konstruktion hauptsächlich dadurch unterscheiden, dass die Triebräder sich hinten an der Maschine befinden und der vordere Teil der Maschine auf einem Untergestelle ruht, welches sich unabhängig von den Triebrädern um einen Zapfen oder Reibnagel bewegen kann.

Für den Betrieb der ersten Sektion wurden nun vier solcher Lokomotiven mit 14 zölligem Cylinder nebst Tendern aus der Werkstätte von Emil Kessler in Karlsruhe geliefert. Sie erhielten nach den Flüssen, deren Gebiet sie durchziehen sollten, die Namen: Aare, Rhein, Reuss und Limmat und bewährten sich bei den üblichen Prüfungen und Probefahrten zur vollen Befriedigung.

Wir sind in der Lage nebenstehend Skizzen von zweien dieser 4 Lokomotiven mitzuteilen.

Die Wagen waren, wie die Lokomotiven, nach amerikanischem System, d. h. mit beweglichen Untergestellen, und, was das Innere betrifft, so eingerichtet, dass man von einem Ende des Wagens zum andern gehen und

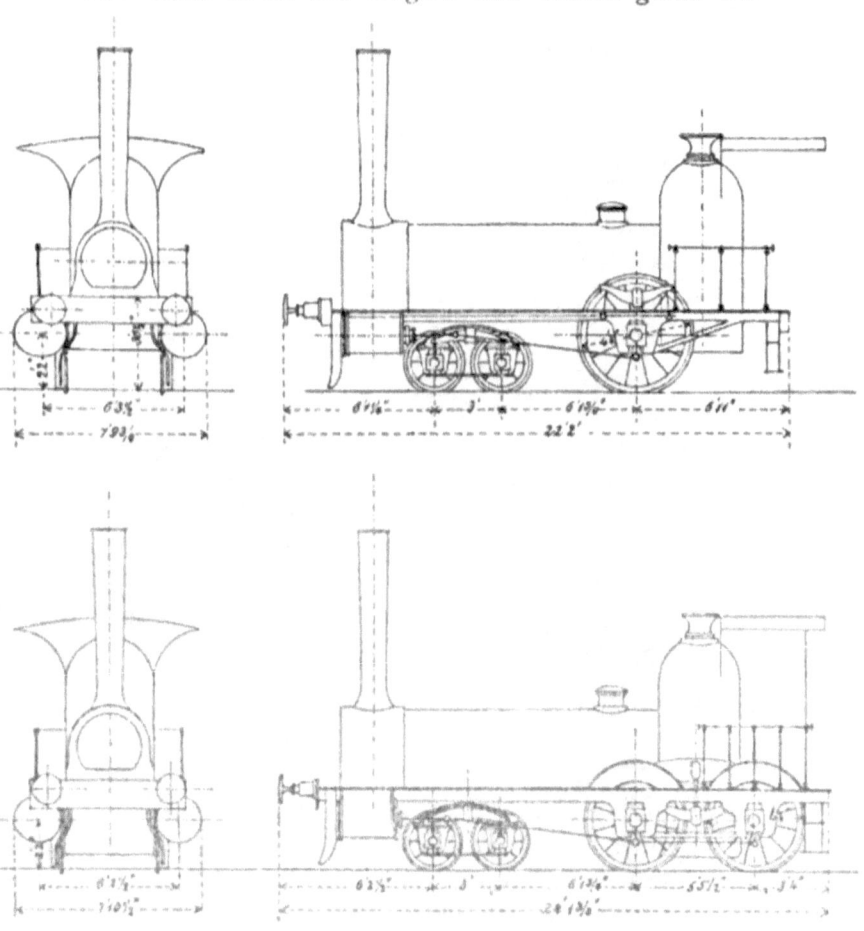

ohne Gefahr vom ersten Wagen des Zuges bis zum letzten gelangen konnte. Die Wagen (1 Wagen I. Kl. zu 16 Sitzen, 7 gemischte Wagen I. und II. Kl. zu 20 Sitzen, 8 Wagen II. Kl. zu 24 Sitzen, 12 Wagen III. Kl. zu 32 Sitzen, 2 Stehwagen, 3 Equipagenwagen,

2 Viehwagen, 1 Güterwagen, 3 Gepäckwagen und
1 Wagen für den Transport von Steinkohlen) wurden
unter Anleitung des Wagenfabrikanten Wetzlich von
Wien durch die Firma Schmieder & Mayer in Karlsruhe
gebaut. Ueberdies wurden in schweizerischen Werkstätten 4 Omnibusse erstellt, die den Verkehr des Bahnhofs mit dem Innern und den Endpunkten der Stadt
zu vermitteln hatten. Die Gesamtkosten der I. Sektion
betrugen rund 3,150,000 schweiz. Fr., entsprachen also
ziemlich dem Voranschlag.

Anfangs Juli 1847 waren die Arbeiten so weit gefördert, dass die Direktion Einladungen zur Einweihungsfeier ergehen lassen konnte. Ausser der Zürcher
Regierung wurden noch offiziell eingeladen die Regierung
des Kantons Aargau, das Strassen- und Wasserbaudepartement des Kantons Zürich, die aargauische Baukommission, der Statthalter des Bezirks Zürich, der
Präsident des Bezirksgerichts und die Munizipalitäten
der beiden durch diese Abteilung der Bahn in Verbindung gebrachten und durch Donationen um die Gesellschaft verdienten Städte Zürich und Baden.

Am 28. Juli musste jedoch die Direktion den Geladenen melden, dass „durch das eingetretene schlechte
Wetter, besonders aber, da die Erntezeit sie des
grössten Teils ihrer Arbeiter und Fuhrwerke beraubt
hat", die Arbeiten nicht vollendet werden konnten und
die Einweihung daher erst „im Laufe der nächsten
Woche" stattfinden werde. Diese wurde dann am
1. August definitiv auf den 7. August festgesetzt.

Ueber diese Einweihungsfeier schreibt die N. N. Ztg.
vom 9. August 1847:

Zürich, 8. August. Die Eröffnungsfeier der Eisenbahn. Gestern fand, wie wir angekündigt hatten, die
Eröffnung der ersten Sektion unserer Nordbahn, der
beinahe fünf Stunden (49/10 St.) langen Strecke von
Zürich bis Baden statt. War der Tag auch von keinem
Sonnenschein verklärt, so durfte man ihn doch einen
licht- und glanzvollen nennen, da er einer Feier galt,
die vor uns so viele Nationen mit dem Bewusstsein be-

gangen haben, dass nun eine der schönsten Eroberungen des menschlichen Erfindungsgeistes ihr Eigentum geworden sei.

Mit der Eröffnung unserer Eisenbahn beginnt ein ganz neues Stadium in unsern Verkehrsverhältnissen. Alle bisherigen Verbesserungen bewegten sich mehr oder weniger im alten Geleise. Mochte die Strasse nach Baden vor einem halben Jahrhundert noch in einem solchen Zustande gewesen sein, dass sie zu befahren zur Pein wurde, und zeigte sich daher hierin ein bedeutender Fortschritt, so konnte die Veränderung von Ferne nicht als eine Umwälzung bezeichnet werden. So verhält es sich auch mit den Förderungsmitteln. Bis gegen Ende des letzten Jahrhunderts erhielt sich die von zwei Pferden getragene Senfte, die noch im Jahre 1794 einen zürcherischen Bürgermeister auf die Tagsatzung zu Frauenfeld tragen musste; doch wurden die Litieren schon damals durch Kutschen ersetzt, die sich aus schwerfälligen und stossenden Kasten nach und nach in elegante und leichte Wagen umgewandelt haben; aber auch hier ist es dasselbe Prinzip und die Zeit, in der man einen halben Tag auf die Fahrt nach Baden verwandte, liegt noch nicht sehr weit hinter uns zurück. Wie ganz anders aber der Schienenweg und die Lokomotive! Wie viel Scharfsinn, Erfindungsgabe, wie viel Anstrengung waren nötig, wie manches Menschenleben ging darüber hin, um unserer Zeit ein solches Verkehrsmittel und den Dienst des beherrschten Elements zu sichern! Wie viele Nationen mussten ihren Tribut zu einer Umgestaltung liefern, welche die Entfernungen, wenn nicht aufhebt, doch in so hohem Grade vermindert!

Es mochte etwas nach halb zwölf Uhr sein, als Kanonenschüsse das Herannahen der von Mitgliedern der Direktion in Baden abgeholten aargauischen Behörden und Gäste verkündeten, die in 33 Minuten den Weg von beinahe fünf Stunden durchlaufen hatten. Sie wurden in dem mit Zierpflanzen reichgeschmückten Wartsaale des Bahnhofes vom Präsidenten der Direktion,

Der Bahnhof in Zürich im Jahre 1847.

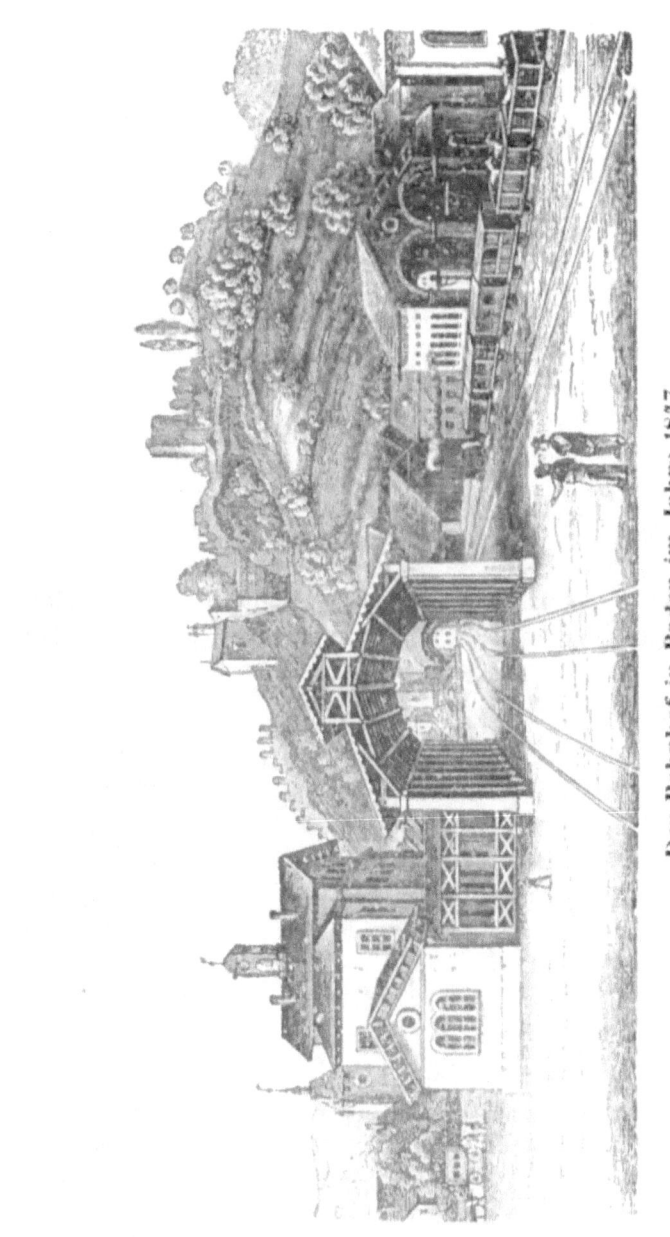

Der Bahnhof in Baden im Jahre 1847.

Hrn. Escher-Hess, mit einer passenden Anrede begrüsst, an deren Schluss der thätige Mann mit Recht auf die dornenvollen und mühsamen Anstrengungen hinwies, die der Erreichung dieses ersten Resultates für ihn und seine Kollegen vorangegangen waren. Als Stellvertreter des Aargau antwortete Herr Landammann Sigfried mit Worten wohlwollender und freudiger Anerkennung. Zahlreiche Gäste aus Zürich und aus verschiedenen Teilen des Kantons und der Schweiz, sowie aus der Ferne stellten sich nach und nach ein. Unter den anwesenden Mitgliedern der h. Regierung nahm man mit Freuden unsern zweiten Tagsatzungsgesandten wahr, der die Glückwünsche des Hrn. Bürgermeister Furrer und sein Bedauern, an diesem Feste fehlen zu müssen, überbrachte. Gemeinsam wurden die Bahnhofgebäude und zwar zuerst die am östlichen Teile des Bahnhofes, zunächst der Limmat und der schönsten Allee des Platzes befindlichen Gruppen durchzogen. Es sind die nebeneinander liegenden Bahnhallen für Ankunft und Abgang der Reisenden, in Verbindung stehend mit zwei korrespondierenden Gebäuden, das südliche der Stadt zugewendet für Aufnahme der Reisenden bestimmt, das nördliche zu Magazinen und Dienstwohnungen eingerichtet. Von da wandte man sich unter Besichtigung der verschiedenen Ausweichungen dem nahe bei der Sihl gelegenen Gebäude zu, welches die zum Betriebe nötigen Lokalitäten, das Heizhaus, die Lokomotivremisen, Reparaturwerkstätten enthält. Endlich wurde noch die neue Brücke über die Sihl besichtigt, welche man infolge der letztjährigen Ueberschwemmung so bedeutend hatte verändern müssen.

Punkt 1 Uhr bewegte sich der Zug mit ungefähr 140 Personen Baden zu vorwärts. Die Lokomotive „Aare", geschmackvoll mit Blumen bekränzt, war vorgespannt; auf ihrem Vorderteile standen in alter Waffenrüstung und mit Bannern in der Hand, zwei zürcherische Lokomotivführer, ein dritter, ebenfalls aus dem Kanton, leitete die Maschine. Sodann folgte ein Wagen mit trefflicher Musik, ihm nach die übrigen Wagen. Längs der Bahn waren die meisten Wächterhäuser von den Wärtern mit Eichenlaub und Blumenguirlanden sinnig verziert worden. Gegen Baden hin erlaubte ein hellerer Himmel sich der schönen Limmatufer und der herrlichen Punkte gegen die Stadt hin zu erfreuen. Ueberall, aber besonders an den Bahnhöfen Zürich und Baden, drängten sich grosse Menschenmassen. Im Bahnhofe zu Baden waren die Zugänge von der Ankunftshalle zum Aufnahmsgebäude reich und in schönen Gruppierungen mit Blumen und Zierpflanzen geschmückt. Auf dem Wege vor dem Bahnhof zu den Bädern war von der Stadt Baden ein kollossales Thor von Laubgewinden errichtet und mit passender Inschrift versehen worden. Ein Kranz für Herrn Escher und Blumensträusse fehlten auch nicht. Das Bahnhofgebäude zu Baden hat nur eine Bahnhalle, vor welcher gegen die Strasse hin das Aufnahmsgebäude und auf der andern Seite rückwärts das Heizhaus liegt. Dieser gefällige und freundliche Bahnhof ist, wie der grossartigere von Zürich, dem gegenwärtigen Standpunkte des Eisenbahnwesens entsprechend angelegt und eingerichtet; die Gebäude des einen wie des andern sind ohne Luxus, aber mit sichtbarer Solidität und in edlem Stile ausgeführt. Allgemein wurden Anlage und Einrichtung als dem Zwecke angemessen gerühmt, und in Vergleichung mit ähnlichen Gebäuden anderer Bahnen von Sachkundigen als vorzüglich herausgehoben. Dass der Bahnhof von Zürich durch Herrn Wegmann, derjenige von Baden durch Hrn. F. Stadler entworfen und unter ihrer Leitung ausgeführt worden sind, ist bekannt.

Der Bahnfahrt folgte ein heiteres Mittagessen nach, welches in dem grossen und lichten Saale des Gasthofes zum Schiff, der wohl allein in Baden so viele Gäste an einer Tafel vereinigen konnte, bereit war. Zahlreiche Trinksprüche, in denen Vergangenheit, Gegenwart und Zukunft mannigfach besprochen und kommentiert wurden, blieben natürlich nicht aus. Ueberall sprach sich die Freude aus, dass dieser erste und schwerste Schritt gethan sei, die Hoffnung, dass der Betrieb dieser Strecke die Bedeutung und das Wesen der Eisenbahnen Allen

recht veranschaulichen und der Unternehmung viele
Freunde gewinnen werde, damit deren Weiterführung
nicht ein Ausbeutungssystem, wie es sich leider auf
der zweiten Hälfte der vollendeten Strecke in unglaublichem Masse gezeigt hatte, entschieden entgegen trete.
Namentlich liessen die Aeusserungen einiger Mitglieder
der h. Regierung des Aargau in dieser Beziehung das
Beste hoffen. Den Glanzpunkt der letzten Stunden bildete
eine kurze Rede, die Herr Reg.-Rat Waller, als schon
alle Toaste verhallt waren, im Bahnhofgebäude vor der
Trennung hielt, um noch mehr, als es bisher geschehen,
den Dank des Aargau auszudrücken. Es galt dieser
Dank, unter Hinweisung auf das, was ein anderer Escher
für die Linthunternehmung gethan, vor allem dem Manne,
der sich nun mit so viel Hingebung der Eisenbahnunternehmung gewidmet habe und auch seinen Mitkämpfern
für das schweizerische Eisenbahnwesen. Unvermögend,
diese Rede in ihrem Zusammenhange mit der Eigentümlichkeit und Schönheit des Ausdruckes mit der
Lebendigkeit und unerschöpflichen Fülle wiederzugeben,
wodurch sie sich in so hohem Grade auszeichnete, begnügen wir uns, anzudeuten, dass Herr Waller alle
Anwesenden zu fesseln und zu bewegen verstand, wie
keiner von ihnen wenige Minuten vorher, inmitten lebhafter und zerstreuender Gespräche, es für möglich gehalten hätte. Was aber mehr als das flüchtige Wort
dem Manne, der es sprach, zur Ehre gereicht, das ist,
dass er neben seiner lebhaften Teilnahme an den Parteikämpfen unserer Zeit auch die Begeisterung für alles
diesem Kreise fernliegende Grosse und Gute, die Anerkennung für jede gemeinnützige Anstrengung zur Förderung desselben festzuhalten und zu nähren gewusst hat.

Um 7 Uhr zogen die Zürcher in den schönen und
bequemen Wagen, über deren treffliche Einrichtung und
leichten Gang jedermann erfreut war, nach der Heimat
zurück, nachdem sie im befreundeten Aargau und im
gastfreundlichen Baden mit dem heitern Bewusstsein
eines Sieges eingezogen waren, durch welchen die Besiegten zugleich Sieger und das eroberte Land gleich

gewinnendes wurde. Kein Misston hatte die Feier des Tages gestört; wohl aber waren die Teilnehmer, so sehr sonst viele derselben durch Alter, Lebensverhältnisse, Ueberzeugungen und Anschauungsweise von einander abweichen mögen, sich dessen recht bewusst geworden, dass solche Wege es sind, auf denen die Schweiz am ehesten Kraft und Einigung erlangen kann.

V.

So war denn die erste Eisenbahn endlich doch zu stande gekommen. Die aargauische Regierung beglückwünschte dazu die Direktion der Nordbahn mit folgendem Schreiben vom 9. Aug. 1847:

„Tit. Sie hatten die Aufmerksamkeit, uns zur Beiwohnung bei der Eröffnungsfeierlichkeit der ersten Eisenbahnstrecke von Zürich bis Baden einzuladen und es hat die Mehrzahl der Mitglieder unserer Behörde dieser Feier am 7. dies mit Freuden beigewohnt. Wir fühlen uns gedrungen, Ihnen, hochgeachtete Herren, für die unserer Behörde bei diesem Anlass bewiesene Ehre und Gastfreundschaft unseren besonderen Dank auszusprechen. War es an und für sich schon ein wahrer Genuss, die ebenso geschmackvoll als zweckmässig ausgeführten Einrichtungen zu besehen und für die Trefflichkeit der Leitung ein erstes Zeugnis abgeben zu können, so wurde das lebhafte Interesse an Ihrem grossartigen Unternehmen noch auf die angenehmste Weise gehoben durch die persönliche Berührung mit denjenigen Männern, die dasselbe mit so seltener Hingebung ins Leben gerufen und seine Vollendung sich zum Endziele ihrer vereinten, ruhmwürdigen Bestrebungen gesetzt haben. Könnte es uns auch in der Folge gegeben sein, unsere besten Wünsche für das fernere Gelingen des Ganzen noch besonders zu bethätigen, und das von vaterländischem Sinne und Geist getragene Unternehmen auch vollends dem vaterländischen Boden gewinnen zu helfen, wir würden den

Anlass einen willkommenen heissen, unsere Anerkennung Ihrer Verdienste auch fortan thatsächlich zu bekräftigen und unser Schärflein beizutragen, dass das neue, äussere Verkehrsmittel, welches bereits Aargau mit Zürich verbindet, mehr und mehr auch zur inneren Annäherung der schweizerischen Völkerschaften und Interessen führe."

Am 9. August wurde die Linie dem Betrieb übergeben. Schon am 11. August ereignete sich ein Unglücksfall, der den Tod des Konrakteurs Brunner zur Folge hatte. Die „N. Z. Z." vom 12. Aug. 1847 schrieb darüber:

„Zürich. Eisenbahn. Gestern wurde ein Kondukteur das Opfer seiner Unvorsichtigkeit, indem er sich über die Treppe seines Wagens hinauslehnte, in dem Augenblicke, als der Zug über die Reppischbrücke fuhr; gegen das Gebälke anschlagend, blieb er sofort tot liegen. Es ist dieser bedauerliche Zufall um so unbegreiflicher, als ja der Kondukteur am besten diese Gefahr kennen muss, vor der das Publikum durch eigene, seit Beginn der Fahrten in jedem Wagen angebrachte Anschläge gewarnt wird."

Bevor wir zur Schilderung der Betriebsjahre der Nordbahn übergehen, teilen wir einen Artikel des „Republikaner" vom 6. Februar 1846 mit, aus welchem ersichtlich ist, mit welch' andern Bahnobjekten man sich damals in der Schweiz auch schon beschäftigte:

„Es ist bisher im „Republikaner" über die schweizerischen Eisenbahnen, die mit mehr oder weniger Gewissheit in Aussicht stehen, Stillschweigen beobachtet worden. Es dürfte an der Zeit sein, darüber auch einzutreten, um nur für einmal eine Uebersicht zu geben, was bisher in unserem Vaterlande für Erlangung von Eisenbahnen, gegen die wir uns, wenn wir nicht von der übrigen Welt abgeschlossen sein wollen, trotz der Schwierigkeiten, die an vielen Orten unser Terrain bietet, nicht mehr abschliessen können. Das älteste schweizerische Eisenbahnprojekt ist das der früher sogenannten Basler-Zürcher-Eisenbahn, die aber nun, da die

Basler nichts mehr davon wissen wollen, schweizerische Nordbahn genannt wird. Ob dieselbe ganz auf Schweizerboden oder einer grossen Strecke nach längs dem Rhein auf Badensergebiet geführt werden soll, hängt von der baldigen Entscheidung von Basellandschaft ab, wo sich bisher die öffentliche Stimmung teils für Anschluss an Zürich und Aargau, die bekanntlich bereits die Konzession für die Eisenbahn erteilt haben und mit dem Grossherzogtum Baden in Unterhandlung getreten sind, äusserte. Im Fall, dass Basellandschaft seine Konzession erteilt, käme der eine Ausgangspunkt auf das Birsfeld, wohin die Basellandschäftler den Bahnhof wünschen, in der durchaus nicht so abenteuerlichen Voraussetzung, dass sich dort Basel gegenüber eine neue Stadt gründen würde. In Zürich kommt, da die Bürgergemeinde ihre Einwilligung dazu gegeben, der andere Ausgangspunkt auf den Schützenplatz, der vom Stadtrate zu diesem Zweck unentgeltlich mit Ratifikationsvorbehalt angeboten worden.

Dieser gegenüber, und um ihr recht eigentlich in den Weg zu treten, ist das Projekt der **Basel-Oltener-** oder besser Hauenstein-Eisenbahn *mit einem Tunnel durch den Hauenstein* aufgestellt worden; wir nennen diese Bahn lieber Hauensteinbahn, weil wir glauben, es sei ihr dadurch bereits ein Prognostikon ihrer Existenz resp. Nichtexistenz gestellt. Wie die Baslerherren dazu gekommen, von ihrer früheren Verbindung mit Zürich zum Behuf einer Eisenbahn abzugehen, ob aus Eifersucht, weil sie gesehen, dass man in Zürich ohne Baslergeld so etwas zu thun den Mut habe, oder aus Vorliebe für die innere Schweiz, mit der sie schon so lang gecharmiert und geliebkost haben, mögen wir nicht entscheiden; in letzterem Falle käme es uns nur drollig vor, wie die Opposition in Basel, die Solothurner, ja sogar viele Basellandschäftler dazu so gefällig Beifall nicken konnten. Es sollte nämlich die Hauensteinbahn auch zugleich die Eigenschaft einer schweizerischen Stammbahn besitzen: *vor allem aus sollte die Bahn direkt nach Luzern gehen, um die Verbindung über den*

Gotthard und mit Italien herzustellen; daneben Zweigbahnen nach Solothurn, Bern, Aarau, nach welch' letzterer Stadt bereits von der Nordbahn aus eine Zweiglinie ausgemacht ist; es wäre alles schön und gut, wenn nur der Hauenstein nicht wäre; aber dieser eben lässt in die Absichten der Baslerherren, von denen dies Projekt ausgegangen, bedeutende Zweifel setzen.

Eine zweite Bahn, mit der man sich ernstlich beschäftigt, ist die vom Bodensee (Rorschach) durch *das Rheinthal, dem Rheine nach hinauf durch Bünden, über den Lukmanier nach Tessin und somit Italien; mit dieser dürfte die Nordbahn in zweifacher Weise sich in Verbindung setzen, einmal durch eine Bahn über Winterthur und St. Gallen, und dann durch die Dampfschiffahrt auf dem Zürich- und Wallensee, eine Linthbahn und durch das St. Galler Oberland hinauf.*

Dies sind die der Verwirklichung näher gerückten Projekte; es giebt aber auch noch andere, wie z. B. das grossartige einer *direkten Verbindung des Bodensees mit dem Genfersee, über Luzern, Bern,* das aber teils noch zu unbestimmt, besonders aber durch die politischen Zustände einiger Kantone, wie Luzern und nun auch Bern, das jetzt mit der Verfassung und nicht mit Eisenbahnen beschäftigt ist, zu sehr ins Weite hinausgeschoben ist, als dass darüber etwas Bestimmteres berichtet werden könnte."

Im Ferneren dürfte es unsere Leser, namentlich unter den gegenwärtigen Verhältnissen der schweizer. Eisenbahnpolitik, interessieren, den Uranfang des Eingreifens des Bundes in das Eisenbahnwesen kennen zu lernen. Es war dies gelegentlich der eidgenössischen Tagsatzung (20. Sitzung vom 6. August) von Bern 1847. Der Bericht darüber lautet:

„§ 35. Eisenbahnen. Bern entwickelt namentlich aus dem militärischen Gesichtspunkte die Gründe, warum von Seite der Eidgenossenschaft dafür gesorgt werden sollte, dass bei Anlegung von Eisenbahnen die gleiche Spurweite beobachtet werde, um die Transporte von Truppen sicher zu stellen, welche bei der jetzigen Richtung der Taktik und neuern Art von Kriegsführung von besonderer Wichtigkeit seien, indem viel davon abhänge, Truppen in grössern Massen von einem Punkte auf den andern bringen zu können. Zürich opponiert, dieses gehöre nicht in die Kompetenz der Tagsatzung, und übrigens liege es so sehr im Interesse der betreffenden Gesellschaften, eine Spurweite anzunehmen, welche ihnen den Anschluss an andere Eisenbahnen gestatte, dass man in dieser Beziehung vollkommen beruhigt sein dürfe. Will nicht eintreten. Solothurn betrachtet die Sache als bereits entschieden, da in der Schweiz schon zwei Eisenbahnen existieren, jene bei Basel und jene von Zürich, welche beide die französische Spurweite haben. Baselstadt: Auf dem ganzen europäischen Kontinent sei nur eine Spurweite angenommen; einzig das Grossherzogtum Baden habe ausnahmsweise eine grössere Spurweite beliebt und bereue es nun; jede Gesellschaft sei natürlicherweise dabei interessiert, jene Weite anzunehmen, welche allgemein verbreitet sei, so dass man den übrigens wohlgemeinten Antrag von Bern als unnötig betrachten dürfe. St. Gallen bestätigt, dass auch die sardinischen, württembergischen und andern Bahnen übereinstimmend die gleiche Spur haben wie die französischen. Rügt beiläufig, dass die eidgen. Militärbehörden sich nicht darum kümmern, wenn Eisenbahnen angelegt werden, z. B. solche, die auf dem kürzesten Wege aus dem Lande führen. Wünscht, dass der Vorort in Betracht ziehe, ob nicht von Seite der Eidgenossenschaft bei der Anlegung von Eisenbahnen etwas als Beitrag gethan und namentlich eine gewisse Aufsicht über dieselben ausgeübt werden könne. Aargau: es gebe bis dahin nur zweierlei Spurweite, die allgemein übliche von 5 Fuss 6 Zoll, und jene von 6 Fuss, die im Grossherzogtum Baden und bei zwei kleinern Bahnen in England angenommen ist. Die Festsetzung einer Spurweite würde allen spätern Streitigkeiten zwischen allfälligen Gesellschaften vorbeugen. Stimmt für den Antrag von Bern. Waadt auch. Bern setzt neuerdings in einem gehaltreichen Vortrage aus dem strategischen Gesichtspunkte die Wichtigkeit auseinander, dass bei allen Eisenbahnen in der Schweiz die nämliche Spurweite vorhanden sei, und überhaupt die Eidgenossenschaft sich in mehrfacher Beziehung dieses Verkehrsmittels versichere; beweist nach dem Wortlaut und Geist des Bundes, dass die Tagsatzung hiezu allerdings kompetent sei, und etwelche gegründete Ursachen allerdings vorhanden gewesen, zu besorgen, dass Abweichungen unter den verschiedenen Eisenbahnen stattfinden würden. *Zürich hält es für durchaus unzulässig, dass den Gesellschaften irgend etwas über die Art der Anlegung der Eisenbahnen vorgeschrieben werde, da selbe aus ihrem eigenen Gelde bauen und ihnen ja vom Bunde nicht die mindesten Beiträge geleistet werden.* Neuenburg findet es allerdings geeignet, dass die Tagsatzung ihre Aufmerksamkeit dieser folgenwichtigen Angelegenheit zuwende, will aber einen andern Weg einschlagen, nämlich es der freien Uebereinkunft der Kantone auf dem Wege des Konkordats überlassen.

Abstimmung. 1. Nach dem Antrage von Zürich, nicht einzutreten, wegen Inkompetenz: $6^1/_2$ St. Zürich, Unterwalden, Zug, Schaffhausen, Tessin, Schwyz, Luzern, Baselstadt. Dagegen: $2^1/_2$ St. Waadt, Bern, Baselland.

2. Für den Antrag von Bern, bei allen schweizerischen Eisenbahnen eine gleiche Spurweite vorzuschreiben: $3^1/_2$ St. Aargau, Waadt, Bern, Baselland.

3. Für den Antrag von Neuenburg, dies der freien Uebereinkunft der Kantone auf dem Wege des Konkordats zu überlassen: 3 St. Zug, St. Gallen, Neuenburg.

4. Für Entfernung dieses Gegenstandes aus Abschied und Traktanden: $7^1/_2$ St. Zürich, Unterwalden, Solothurn, Schafthausen, Tessin, Schwyz, Luzern, Baselstadt. — Uri, Wallis, Freiburg, Glarus, Thurgau, Graubünden referieren. Schluss der Sitzung um 2 Uhr."

VI.

Was den *Betrieb* selbst betrifft, so hatte die Direktion, nach ihrer eigenen, der II. Generalversammlung vom 2. September 1847 gemachten Erklärung, der Wahl der Anzustellenden „die grösste Aufmerksamkeit geschenkt und gesucht, für die Hauptzweige desselben tüchtige und durch praktischen Dienst bereits befähigte Ingenieure zu gewinnen. Ferner wurde der Verwaltung durch die Zuvorkommenheit der Grossherzogl. badenschen Eisenbahnverwaltung die Vergünstigung zu Teil, vorzügliche Arbeiter aus zürcherischen Werkstätten auf der badenschen Bahn zu Lokomotivführern ausbilden zu lassen. Derselbe Vorteil wurde mit Rücksicht auf zwei Oberkondukteure und einem Wagenmeister gewährt.

Die Bahnwärter wurden aus der Zahl derjenigen beim Oberbau beschäftigten Arbeiter gewählt, die sich dabei am besten bewährt hatten."

Die Geschwindigkeit der Fahrten war die damals auf den meisten deutschen Eisenbahnen angenommene von 2000′ per Minute oder $7\frac{1}{2}-8$ (Weg)-Stunden per Stunde, den Aufenthalt bei den Stationen nicht inbegriffen. Demnach erforderte die Fahrt von Zürich nach Baden bei durchgehenden Zügen 38 Minuten, bei den gewöhnlichen mit Aufenthalt 45 Minuten.

Die Frequenz der Eisenbahn war in der ersten Woche des Betriebes folgende:

Montag,	den	9. August	. . 808	Personen
Dienstag,	„	10. „	. . 696	„
Mittwoch,	„	11. „	. . 1088	„
Donnerstag,	„	12. „	. . 1245	„
Freitag,	„	13. „	. . 1079	„
Samstag,	„	14. „	. . 831	„
Sonntag,	„	15. „	. . 3278	„

Summe 9025 Personen.

Am 17. August publizierte die Direktion, dass neben den gewöhnlichen Zügen „bis auf weitere Anzeige jeden *Freitag* Morgen eine Extrafahrt um 6 Uhr nach

Dietikon und um ½ 7 Uhr von Dietikon nach Zürich" stattfinde, mit Anhalten auf den Zwischenstationen Altstetten und Schlieren. (Zur besseren Orientierung des reisenden Publikums erschien genau am Tage der Betriebseröffnung im Verlage von Orell Füssli & Co. ein „Panorama der Schweiz. Nordbahn, Sektion I, Zürich-Baden. In Vogelperspektive. Nebst Fahrten-Tabelle und Tarif. Ord. Ausgabe à 10 Batzen, feine Ausgabe à 14 Batzen.") Als aber „der Reiz der Neuheit grossenteils befriedigt" war, nahm auch die Frequenz ab. Vom Monat Juli 1848 an betrug die durchschnittliche Tagesfrequenz nur noch 973 Personen, so dass statt der ursprünglichen vier Züge füglich nur noch 3 geführt wurden. Die Direktion hatte sich sogar schon am 1. Dezember 1847 veranlasst gesehen, für die Wintermonate (bis zum 1. Mai) die Fahrtaxen zu ermässigen und dafür unter offizieller Anzeige an die Regierung (d. d. 30. Nov. 1847) folgenden Tarif aufgestellt:

	Altstetten			Schlieren			Dietikon			Baden		
	I	II	III	I	II	III	I	II	III	I	II	III
Zürich	-.30	-.20	-.10	-.50	-.35	-.20	-.70	-.50	-.30	1.40	1.—	-.60
Altstetten				-.20	-.15	-.10	-.40	-.30	-.20	1.10	-.80	-.50
Schlieren							-.20	-.15	-.10	-.90	-.65	-.40
Dietikon										-.70	-.50	-.30

Die Zeitverhältnisse sowohl als die Rücksicht auf die vorhandenen Geldmittel, die infolge Nichteinzahlung der fälligen Quoten seitens vieler Aktionäre durchaus nicht glänzende waren, zwangen die Direktion, das für die Vorarbeiten in den Richtungen von Aarau und Koblenz gesammelte und eingeübte Ingenieurpersonal zu entlassen.

Im Juli 1848 kam ein Vertrag zwischen dem zürcherischen Postdepartement und der Nordbahndirektion zunächst auf die Dauer eines Jahres zu stande, „nach welchem der Berner Eilwagen zwischen Zürich und

Erster schweiz. Eisenbahnfahrtenplan (vom 9. August 1847).

Von Zürich nach Baden.

Abfahrt von Zürich		Ankunft			
		in Altstetten	in Schlieren	in Dietikon	in Baden
Täglich	Uhr Min.	Uhr Min.	Uhr Min.	Uhr Min.	Uhr Min.
Vormittags	7 30	7 37	7 44	7 50	8 15
»	10 —	10 7	10 14	10 20	10 45
Nachmittags	2 —	2 7	2 14	2 20	2 45
»	6 —	6 7	6 14	6 20	6 45
Spezial-Zug an Sonn- und Feiertagen bei günstiger Witterung.					
Nachmittags	1 30	1 37	1 44	1 50	2 15

Von Baden nach Zürich.

Abfahrt von Baden		Ankunft			
		in Dietikon	in Schlieren	in Altstetten	in Zürich
Täglich	Uhr Min.	Uhr Min.	Uhr Min.	Uhr Min.	Uhr Min.
Vormittags	8 30	3 52	9 —	9 6	9 15
»	11 —	11 27	11 35	11 42	11 50
Nachmittags	4 30	4 52	5 —	5 6	5 15
»	7 —	7 27	7 35	7 42	7 50
Spezial-Zug an Sonn- und Feiertagen bei günstiger Witterung.					
Nachmittags	3 —	3 22	3 30	3 36	3 45

Erster schweiz. Tarif für Personenbeförderung (vom 9. August 1847).

	Zürich				Altstetten				Schlieren				Dietikon				Baden			
	I. Klasse	II. Klasse	III. Klasse Erwachsene	III. Klasse Kinder	I. Klasse	II. Klasse	III. Klasse Erwachsene	III. Klasse Kinder	I. Klasse	II. Klasse	III. Klasse Erwachsene	III. Klasse Kinder	I. Klasse	II. Klasse	III. Klasse Erwachsene	III. Klasse Kinder	I. Klasse	II. Klasse	III. Klasse Erwachsene	III. Klasse Kinder
	Rp.	Rp.	Rp.	Rp.	Rp.	Rp.	Rp.	Rp.	Rp.	Rp.	Rp.	Rp.	Rp.	Rp.	Rp.	Rp.	Rp.	Rp.	Rp.	Rp.
Zürich . . .	—	—	—	—	30	20	15	10	50	35	25	15	75	55	40	20	160	120	80	40
Altstetten . .	30	20	15	10	—	—	—	—	20	15	10	5	40	30	20	10	125	95	60	30
Schlieren . .	50	35	25	15	20	15	10	5	—	—	—	—	20	15	10	5	105	80	50	25
Dietikon . .	75	55	40	20	40	30	20	10	20	15	10	5	—	—	—	—	85	65	40	20
Baden . .	160	120	80	40	125	95	60	30	105	80	50	25	85	65	40	20	—	—	—	—

Baden eingestellt und der Transport der Reisenden gegen eine Entschädigung von Fr. 1600.— und die Verpflichtung des unentgeltlichen Transportes von 3 Zentnern an Frachtstücken täglich einmal nach und eben so viel täglich einmal von Baden für Rechnung der Postverwaltung, der Eisenbahnunternehmung übertragen wurde."

Als im Sommer 1848 eine Menge mittelloser, italienischer Flüchtlinge nach dem Kanton Zürich kam, ersuchte der kantonale Polizeirat die Nordbahndirektion unterm 19. August, denselben eine Fahrvergünstigung zu gewähren. Letztere sagte dies schon am 21. gl. M. zu, obgleich sie sich ausser stande befinde, „irgend welche Art Generosität auszuüben." Sie bewilligte die Beförderung der mittellosen, italienischen Flüchtlinge zur *halben Taxe*, also von Zürich nach Baden „à 3 Batzen per Mann auf III. Klasse".

Als der zürcherische Polizeirat sich auch bei Gefangenentransporten des neuen Verkehrsmittels zu bedienen begann, protestierte das Publikum energisch dagegen. Martin Escher sah sich daher am 12. Juni 1849 zu folgendem Schreiben veranlasst:

„An den tit. Polizeirat des Kantons Zürich!

Hochgeachteter Herr Präsident!

Hochgeehrte Herren!

Infolge uns mehrseitig zugekommener und von uns als begründet anerkannter Beschwerde über den Transport von Gefangenen mit ihrer Bewachung in den zugleich von anderen Personen besetzten Wagen auf unserer Bahn, finden wir uns veranlasst, anzuordnen, dass in künftigen Fällen dieser Art Gefangene und die sie begleitenden Landjäger in einem besondern Wagen vom übrigen Publikum abgesondert, untergebracht werden sollen, vorbehalten, dass genügende Wagen vorhanden seien, dass sie aber in keinem Falle mit andern Personen vermischt werden dürfen. Da wir nun dadurch genötigt sind, für solche Gefangenentransporte jedesmal einen besondern Wagen mitzuführen, so müssen wir die Taxe für Eine Person zwischen Zürich und Baden und vice versa auf Fr. 2 festsetzen, was sie gewiss billig finden werden. Genehmigen Sie etc."

Am 23. Nov. gleichen Jahres teilte die Direktion dem Polizeirat mit, dass sie beschlossen habe:
1. von den Zwischenstationen aus nach Zürich oder Baden keine Gefangenen zu transportieren, weil selten ein ganz leerer Wagen dafür zu Gebote stehen würde;
2. die Taxe für Gefangenentransporte von Zürich oder Baden aus nach den Zwischenstationen sei dieselbe wie für die ganze Strecke zwischen den Hauptstationen, nämlich 2 Fr. für eine Person.

Nachdem Schulthess-Rechberg von der III. Generalversammlung (12. Okt. 1848) „unter bester Verdankung seiner geleisteten Dienste" die gewünschte Entlassung erhalten hatte (ohne dass eine Ersatzwahl für ihn stattfand), verlor die Direktion auch ihren Generalsekretär, der im Nov. 1848 starb. Diese Beamtung beschloss man „bis zur Wiederaufnahme des Baues" unbesetzt zu lassen.

Der Geschäftsbericht der Nordbahn pro 1848/49 weiss von einer Vermehrung des Rollmaterials zu berichten. Er sagt: „Einen Zuwachs haben unsere Wagen einzig durch einen schon früher bestellten *offenen Personenwagen III. Klasse* erhalten. Dieses von den Herren *J. J. Rieter & Comp.* in Winterthur gelieferten Wagens wird hier besonders gedacht, weil er sich *durch Verbesserung in der Konstruktion einzelner Teile, durch solide und sorgfältige Ausführung, sowie durch einen sanften und ruhigen Gang auszeichnet.*"

Da die Heizung der Lokomotiven mit Holz eine ziemlich teure war, begann man im Sommer 1849 Versuche mit inländischer Schieferkohle zu machen. Diese führten aber zu keinem günstigen Ergebnis und wurden daher 1850 wieder aufgegeben. Die Nachteile, die dieses billigere Brennmaterial mit sich brachte, bestanden „hauptsächlich in dem sehr ungleichen Gehalt der Schieferkohlen, der unzuverlässigen Beschaffenheit ihrer Austrocknung, und dem Vorhandensein vieler Erdteile, welche eine harzige Asche bilden, die nicht nur die Roste der Feuerkasten verstopfen, sondern sich bei dem beständigen Luftzuge in alle arbeitenden Maschinenteile versetzen, die Schmierlöcher verstopfen und somit in kurzer Zeit auf den Zustand der Maschinen nachteilig wirken müssten. Auch der Geruch dieser Schieferkohlen ist für die Reisenden unangenehm."

Um die Lokomotivführer und Heizer zu möglichster Oekonomie anzuspornen, wurden, wie auf andern Bahnen, und zwar mit sichtlichem Erfolge, schon 1848 Ersparnisprämien für Minderverbrauch von Brenn- und Schmiermaterial eingeführt.

An Stelle des im Juli 1848 mit dem Postdepartement des Kantons Zürich abgeschlossenen Vertrages trat am 3. Januar 1850 einer, der mit dem *eidgenössischen* Postdepartement abgeschlossen war, „nach dessen Bestimmungen keine Postwagen zwischen Zürich und Baden mehr fahren, sondern die Postwagen-Reisenden sowohl von der Berner- als von der Basler-Route, Tag- und Nachtkurse, der Eisenbahnunternehmung überlassen werden."

1850 siedelte der um die Nordbahn sehr verdiente Direktor Esslinger nach Stuttgart über und schied damit aus der Direktion aus. Auch seine Stelle blieb einstweilen, wie diejenige Schulthess-Rechbergs, unbesetzt. Erst die VII. Generalversammlung vom 25. Nov. 1852 vervollständigte durch die Wahl der Herren J. Cd. Escher-Bodmer und a. Staatsschreiber Georg von Wyss die Direktion wieder auf fünf Mitglieder.

Grosse Schwierigkeiten bereitete der Direktion die unregelmässige Einzahlung der jeweils eingeforderten Quoten von Seiten der Aktionäre. Zwei Generalversammlungen, die IV. vom 11. Okt. 1849 und eine ausserordentliche vom 29. Nov. 1849 beschäftigten sich mit dieser Frage und fanden deren Lösung nur in einer

Statutenänderung. Wir können den Sachverhalt nicht gründlicher darstellen, als durch Mitteilung eines Schreibens der Direktion (vom 12. Dez. 1849) an die Zürcherische Regierung:

Herr Bürgermeister!
Hochgeachtete Herren!

Der § 2 des Beschlusses des hohen Grossen Rates vom 26. Juni 1845 betreffend die Konzession für eine Eisenbahn von Zürich nach Basel und Aarau enthält nachfolgende Bestimmung:

„Die durch die Aktiengesellschaft auf Grundlage der Fundamentalstatuten weiter ausgeführten Statuten bedürfen der Genehmigung des Regierungsrates und können ohne dessen Zustimmung nicht abgeändert werden."

Wir befinden uns nun in dem Falle, eine Abänderung des § 13 der Statuten unserer Gesellschaft vorzunehmen. Dieser § 13 heisst nämlich wie folgt:

„Aktionäre, welche eine statutengemäss ausgeschriebene Zahlung zur festgesetzten Zeit nicht leisten, haben Verzugszinse zu 5% zu bezahlen und werden unter Bezeichnung der betreffenden Aktienpromesse oder Interimsaktien öffentlich aufgefordert, die unterlassene Einzahlung nebst Verzugszinsen zu entrichten. Inhaber von Aktienpromessen oder Interimsaktien, welche zwei statutengemäss ausgeschriebene Zahlungen nicht leisten, werden aller ihrer Rechte als Aktionäre, sowie der bereits bezahlten Einschüsse verlustig.

Die betreffenden Aktienpromessen oder Interimsaktien werden nach Ablauf der für die zweite Zahlung anberaumten Termine ohne weiteres durch öffentliche Bekanntmachung annulliert und die an deren Stelle unter fortlaufender Nummer kreirten neuen Interimsaktien werden auf Rechnung und zum Besten der Gesellschaftskasse versteigert. Es steht jedoch mit Bezug auf die Aktienpromessen der Direktion frei, statt der Bestimmungen dieses §, diejenigen des § 10 gegenüber den ersten Zeichnern in Anwendung zu bringen."

Der Sinn und Zweck dieses § konnte offenbar kein anderer sein, als einzelnen Aktionären unter persönlichen ungünstigen Umständen eine Erleichterung in der Einzahlung zu gewähren, oder dieselben bei zufälliger Unkenntnis einer ausgeschriebenen Einzahlung vor allzuschnellem Verluste ihrer Rechte zu schützen; allein die Erfahrung hat uns bewiesen, dass die Bestimmungen jenes § 13 von vielen, hauptsächlich von Wiener Aktionären dahin missbraucht worden sind, dass solche regelmässig mit einer Einzahlung zurückgeblieben sind, so dass z. B. von 25400 Aktionären, welche drei Einzahlungen geleistet haben, bis zum Schlusse unsrer letzten Rechnung auf 4522 Aktien die vierte, volle zwei Jahre vorher eingeforderte Einzahlung im Rückstand geblieben ist.

So lange die Bestimmungen jenes § fortbestehen, besitzt die Direktion kein Mittel, die saumseligen Aktionäre zur Erfüllung ihrer Verpflichtungen anzuhalten. Es ist nun aber einerseits gegenüber denjenigen Aktionären, welche alle Einzahlungen geleistet haben, eine Pflicht der Direktion, die im Rückstand befindlichen Aktionäre ebenfalls zur Leistung der vierten Einzahlung oder aber zum Austritt aus der Gesellschaft zu nötigen, anderseits muss die Direktion dahin arbeiten, dass alle Aktionäre ohne Unterschied die gleiche Beteiligung und die gleichen Rechte besitzen, damit sowohl bei der Verteilung von Dividenden, als besonders auch, wenn neue Unterhandlungen für den Fortbau der Bahn, sei es mit den hohen Bundesbehörden, sei es mit andern Gesellschaften, die sich für Ausführungen von Eisenbahnen in der Schweiz bilden dürften, gepflogen werden müssten, diesfalls alle aus dem bisherigen § 13 sich etwa erhebenden Schwierigkeiten zum voraus gehoben wären.

Die Direktion, im Einverständnis mit dem Ausschuss unserer Gesellschaft, hat demnach schon der Generalversammlung der Aktionäre vom 11. Okt. d. Js. und da in dieser Versammlung eine genügende Anzahl von Aktien nicht repräsentiert war, einer laut § 29 der Statuten hiefür besonders ausgeschriebenen und am 29. November abgehaltenen, ausserordentlichen Generalversammlung einen in nachstehender Fassung abgeänderten § 13 zur Genehmigung vorgelegt, nämlich:

„§ 13. Aktionäre, welche eine statutengemäss ausgeschriebene Zahlung zur festgesetzten Zeit nicht leisten, haben Verzugszinse zu 5% zu bezahlen, und werden, unter Bezeichnung der betreffenden Aktienpromessen oder Interims-Aktien öffentlich aufgefordert, die unterlassene Einzahlung nebst Verzugszinsen zu entrichten.

Wird dieser gemäss § 19 dreimal zu veröffentlichenden Aufforderung innerhalb des von der Direktion festgesetzten Zeitraumes, der jedoch wenigstens sechs Wochen betragen muss, keine Folge geleistet, so verlieren die betreffenden Aktionäre alle ihre Rechte, sowie die bereits bezahlten Einschüsse, und ihre Aktienpromessen oder Interims-Aktien werden ohne weiteres durch öffentliche Bekanntmachung annulliert. An Stelle der annuliierten Promessen oder Interims-Aktien werden nach Massgabe des Bedürfnisses neue kreirt und auf Rechnung und zum Besten der Gesellschaft veräussert."

Wir ersuchen Sie nun höflich, dieser Abänderung ebenfalls Ihre Zustimmung erteilen zu wollen, um dieselbe sodann durch Veröffentlichung zur Kenntnis der HH. Aktionäre bringen zu können, und benützen diesen Anlass, Sie, Herr Bürgermeister, Hochgeachtete Herren! unserer ausgezeichneten Hochachtung und Ergebenheit zu versichern."

(VII. Siehe Tabelle auf folgender Seite.)

Betriebs-Uebersicht der Nordbahn,

zusammengestellt aus den betreffenden Notizen in den Jahresberichten der Direktion.

In der Zeit vom	Trans-portierte Personen	Einnahmen für Gütertransport in Schweizer-franken[1] (L.)	Lokomotivbetrieb	Holz- und Oel-Verbrauch[2]	Brutto-Einnahmen	Gesamt-Ausgaben	Ausgaben für Reparaturen am Rollmaterial	Ersparnisse und Ersparnisprämien an ihrem- und Schmiermaterial[2]
9. Aug. 47, 30. Juni 48	166.248	—	—	509 1/4 Klft. Holz = für L. 7246.06	L. 98.225.62	L. 65.393.59	an 4 Lokomotiven L. 609.33	—
1. Juli 48, 30. Juni 49	204.121	L. 1029.95, Gepäck L. 4001.75.	8581 1/10 Wegstunden = 62057.67 deut.Meilen. Im Betrieb. Für Material-transport 1025 1/2, Weg-stunden. N = 6380 1/4 deut. Meilen.	Holz und Kohlen, für L. 7090.37, oel, per Wegstunde 76.72 Rp.	L. 107.539.23	L. 74.380.18	4 Lokomotiven L. 1391.31 Transportwagen L. 1.568.63	—
1. Juli 49, 30. Juni 50	223.207	—	11.195 Wegstunden = 7244 deut. Meilen. 6 1/3 Wagen per Zug	520 1/2 Klafter = L. 6821.32	L. 129.018.44	L. 73.309.62	Lokomot. L. 1853 Wagen L. 1910.90	L. 2641.35, f. Gesell-schaft L186.63, Rest f. d. Heizer und Loko-motivführer
1. Juli 50, 30. Juni 51	245.682	ganz unbedeutend	12.978 Wegstunden = 8394 deut. Meilen. 5 3/4 Wagen per Zug	Holz 563 3/4, Klft. L.8145.83, Per Wegstunde 62.51 Rp. - Oel 1296.96	L. 136.724.55	L. 82.671.91	Lokom. L. 1989.63 Wagen L. 2724.83	L. 2543.15, wovon L. 108,41 zu Gunsten d. Gesellschaft. Rest f. Heizer u. Lokomotiv-führer
1. Juli 51, 30. Juni 52	287.761	—	13.367 Wegstunden = 8686.26 Meilen. 5 3/4 Wagen per Zug	580 7/8 Klafter Fr. 11.612.31	211.826 Fr.	119.528.22 Fr.	Lokomot. 925.79 Wag. 1629.43 Fr.	Fr. 2943.08. Davon f. d. Gesellsch. 1577.12 Rest für Heizer und Lokomotivführer
1. Juli 52, 30. Juni 53	292.329	—	13.004 Wegstunden = 62.419 Kilometer. 5 3/4 Wagen per Zug	568 Klafter = Fr. 9983.63. Oel Fr. 1336.01	229.371.15 Fr.	118.809.29 Fr.	Lokom. 4530.61 Wagen f. 3002.67 Fr.	Fr. 4036.87, Davon f. d. Gesellsch. 2422.18 Fr. F. d. Heizer u. Lo-komotivf. Fr. 1614.69

[1] 3 1/2 L. = 5 Fr.
[2] Bemerkenswert ist, dass die Auslagen für Brennmaterial von 1847–1853 sich fast gleich bleiben, während die Ersparnisse daran fast um das Doppelte anwachsen.

VIII.

Am 28. Februar 1853 gründete sich unter dem Titel „Zürich-Bodensee-Eisenbahngesellschaft" eine neue Aktiengesellschaft zum Zweck des „Baues und Betriebes einer Eisenbahn von Zürich über Winterthur und Frauenfeld nach Romanshorn an den Bodensee auf Grundlage der von den betreffenden Behörden ausgewirkten Konzession. Aus ihren Statuten heben wir folgendes hervor: Das Gesellschaftskapital von 15 Millionen Franken wird durch Aktien von je 500 Franken gebildet (§ 4). Die erste Einzahlung von 20% wird unmittelbar nach der Subskription geleistet, der Rest je nach Bedarf in Raten von höchstens 20% eingefordert (§ 5). Der Reservefonds soll den Betrag von 750000 Franken nicht übersteigen (§ 16).

Wer 1—6 Aktien besitzt, hat in der Generalverslg. 1 Stimme.
„ 7—15 „ „ „ „ „ „ 2 „
„ 16—30 „ „ „ „ „ „ 3 „
„ 31—50 „ „ „ „ „ „ 4 „

und wer je weitere 25 Aktien besitzt, jeweilen 1 Stimme mehr. Abwesende können sich durch andere Aktionäre vertreten lassen. Jedoch dürfen von derselben Person nicht mehr als 100 Stimmen, sei es in ihrem eigenen Namen, sei es in Procura, abgegeben werden (§ 22).

An der Spitze der Gesellschaft steht ein Verwaltungsrat von 19 Mitgliedern, von welchen 5 die Direktion bilden. Wenigstens 2 Mitglieder der Direktion und mindestens 8 Mitglieder des Verwaltungsrates sollen Bürger des Kantons Zürich, wenigstens 1 Mitglied der Direktion und mindestens 4 Mitglieder des Verwaltungsrates Bürger des Kantons Thurgau sein. Die Amtsperiode für Direktion und Verwaltungsrat beträgt vier Jahre (§ 28). Die Direktoren haben 20, die Verwalungsräte 10 Aktien samt Coupons bei der Gesellschaftskasse zu deponieren (§ 31). Die Direktion ist zum Abschlusse von Anleihen bis zum Gesamtbetrage von $^1/_4$ Million Franken berechtigt (§ 35).

Die Konzession für den zürcherischen Teil der

neuen Linie, also von Zürich bis an die Kantonsgrenze bei Gundetsweil war vom Grossen Rate bereits am 21. Dezember 1852 erteilt worden. Präsident dieser Behörde war damals Dr. Alfred Escher, der nachher von der Generalversammlung der Zürich-Bodensee-Eisenbahngesellschaft zum Direktionspräsidenten der letztern gewählt wurde. Er strebte eine Fusion der neuen mit der alten Bahngesellschaft an. Zu diesem Behufe fanden am 29. April 1853 mündliche Verhandlungen zwischen den Abgeordneten der Nordbahngesellschaft: Cd. Ott-Imhof und Cd. Escher-Bodmer einerseits und den Delegierten der Zürich-Bodenseegesellschaft, Dr. A. Escher und Dr. B. Hildebrand andererseits statt. Es kam dabei ein Vertrag zu stande, der, vorbehaltlich der Ratifikation durch die resp. Generalversammlungen, die Genehmigung der beiden Direktionen erhielt. Am 5. Juni fand dann in der gleichen Angelegenheit eine Konferenz der Abgeordneten der beiden Gesellschaften mit solchen der aargauischen Regierung statt, die zu folgender Erklärung der Nordbahndirektion führte:

„Die Direktion und der Ausschuss der Schweizerischen Nordbahngesellschaft erklären sich dahin, dass, falls die Verschmelzung der Nordbahn mit der Zürich-Bodensee-Eisenbahngesellschaft laut dem Fusionsvertrage vom 29. April 1853 wegen Mangel an Zustimmung von Seite der Aktionäre nicht zu stande kommen sollte, sie sich zur Uebernahme der laut Vertrag vom 5. Juni 1895 zwischen Abgeordneten des hohen aargauischen Regierungsrates und Abgeordneten der beiden benannten Gesellschaften vereinbarten neuen Konzession selbst verpflichten, — dass dagegen, falls der Fusionsvertrag aus dem Grunde nicht vollzogen werden könnte, weil der oben erwähnte Konzessionsvertrag von Seite der hohen aargauischen Behörden nicht angenommen wurde, derselbe folglich auch für die Nordbahngesellschaft keine Anwendung finde, diese letztere an der besitzenden Konzession vom 3. Juli 1845 festhalte und den Bau auf Grundlage derselben ausführen werde."

Hierauf berief die Nordbahngesellschaft eine ausserordentliche Generalversammlung auf den 23. Juni 1853 nach Zürich ein. Von 25737 Aktien waren an derselben 22922 vertreten. Die Stimmenzahl betrug 1,539.

Diese Versammlung fasste auf Antrag der Direktoren und des Ausschusses nach Verlesung eines Gutachtens des letzteren *einstimmig* folgenden Beschluss:

„1. Dem zwischen den Direktoren der schweizerischen Nordbahngesellschaft und der Zürich-Bodensee-Eisenbahngesellschaft abgeschlossenen Fusionsvertrage vom 29. April l. J. wird die Genehmigung erteilt, unter dem Vorbehalte, dass vom Grossen Rate des h. Standes Aargau annehmbare Konzessionsbedingungen erhältlich seien.

„Der Ausschuss und die Direktion sind bevollmächtigt, darüber zu entscheiden, ob diese Bedingungen eingetreten seien, und in diesem Falle sind sie mit Vollziehung des Fusionsvertrages beauftragt.

„2. Die Generalversammlung billigt die von der Direktion und dem Ausschusse dem aarg. Regierungsrate auf den Fall, dass die Fusion nicht zu stande kommen sollte, oder dass vom h. Grossen Rate keine annehmbaren Konzessionsbedingungen erhältlich wären, gegebenen Erklärungen, und erklärt sich in Ergänzung der unterm 25. November 1852 den Gesellschaftsbehörden erteilten Vollmachten und Aufträge damit einverstanden, dass der Fortbau mit möglichster Beförderung in Angriff genommen werde. Die erforderlichen Geldmittel sind durch Einzahlung, durch Ausgabe neuer Aktien, nötigenfalls auch durch Aufnahme von Darlehen nach Inhalt der Statuten (§ 37 d und § 47 b) beizubringen."

Die in dem Fusionsvertrage gestellten Bedingungen wurden erfüllt. Das Netto-Betriebsergebnis der Strecke Zürich-Baden bis 30. Juni 1853 verteilte die Direktion mit drei andern kleinern Aktivposten, zusammen Fr. 124,312.50 als Dividende an die 21,063 Aktien, die von den existierenden 25,727 der Nordbahn den Beitritt zur vereinigten Nordostbahn-Gesellschaft erklärt hatten.

Die Verschmelzung der Nordbahngesellschaft mit der Zürich-Bodensee-Eisenbahngesellschaft zur **schweiz. Nordostbahngesellschaft erfolgte am 1. Juli**, die definitive Konstituierung in der Generalversammlung der Aktionäre vom *12. September 1853*. Zum **Präsidenten des Verwaltungsrates** wurde gewählt **Martin Escher-Hess*)**, zum **Direktionspräsidenten**
Dr. Alfred Escher.

---

*) Martin Escher-Hess blieb in dieser Stellung bis 1858. Das Protokoll der Generalversammlung der Nordostbahn-Aktionäre vom 28. April 1858 enthält folgenden Passus: „Das Präsidium (Dr. Alfred Escher) macht die Mitteilung, dass Hr. M. Escher-Hess, Präsident des Verwaltungsrates, welcher als Mitglied des letztern in Erneuerung kommt, sich dahin erklärt hat, wegen vorgerückten Alters eine allfällige Wiederwahl in diese Behörde nicht annehmen zu können und stellt im Auftrage des Verwaltungsrates den Antrag, es möchte die Versammlung ihrem lebhaften Bedauern über diesen Entschluss des Hrn. M. Escher-Hess, sowie ihrer wärmsten Anerkennung der Verdienste desselben um die Nordostbahngesellschaft im besondern und um das schweizerische Eisenbahnwesen im allgemeinen durch Aufstehen von ihren Sitzen einen Ausdruck verleihen. Es wird diesem Antrage einmütig beigepflichtet und Hrn. M. Escher-Hess in einer geeigneten Zuschrift hievon Kenntnis zu geben beschlossen." Gewählt wurde an M. Escher-Hess' Stelle Stadtpräsident E. Steiner von Winterthur.

Entwurf

der Concession für die Basel-Zürcher Eisenbahngesellschaft.*)

(Protokoll des Reg.-Rathes vom 25. April 1839 (fol. 153–162.)

Der Grosse Rath,
auf den Antrag des Regierungsrathes,

Nach Einsicht der Statuten der untern 17. Januar 1838 constituirten Actiengesellschaft zum Zwecke der Erbauung und Benutzung einer Eisenbahn von Basel nach Zürich. — Nach Prüfung des von der genannten Gesellschaft vorgelegten Planes für die Richtung und Construction dieser Bahn,

beschliesst:

§. 1.

Das Vorhaben einer zwischen Basel und Zürich zu errichtenden Eisenbahn wird im Allgemeinen genehmigt.

§. 2.

Die gedachte Actiengesellschaft wird ermächtigt, die Eisenbahn auf Grundlage der eingereichten Pläne, nach Massgabe ihrer Statuten und in Gemässheit der Bestimmungen gegenwärtiger hoheitlicher Concession auf ihre Kosten zu erbauen und zu ihrem Vorteil zu benutzen.

Abweichungen von den angegebenen Hauptrichtungen der

---

*) Der Reg.-Rat hatte unterm 17. November 1838 den Finanz-Rat eingeladen, ihm (dem Reg.-Rat) den Entwurf der Konzession für die fragliche Bahn als Instruktion der mit einer diessfälligen Unterhandlung zu beauftragenden Abgeordneten zu hinterbringen (Prot. des Finanz-Rates Bd. 61, S. 421). Der Finanz-Rat entsprach am 17. April 1839 diesem Ansuchen, worauf der Reg.-Rat in seiner Sitzung vom 25. April die Reg.-Räte Weiss, Melchior Sulzer und Zehnder zu Kommittierten für die Unterhandlung mit der Direktion ernannte, „welchen zu diesem Ende besagter Entwurf als Leitfaden der Verhandlungen zugestellt ward." Der Entwurf wurde am 22. Juni 1839 genehmigt mit einem von der regierungsrätlichen Kommission beigefügten Zusatz zu § 9: „Tritt der Fall der Erlöschung nicht ein, so wird während eines Zeitraumes von 15 Jahren keine Konzession für Errichtung einer zweiten Eisenbahn von Zürich nach Baden erteilt." Dieser so abgeänderte Entwurf sollte dem Grossen Rate in der nächsten Herbstsitzung vorgelegt werden. Infolge der Septemberereignisse kam der Entwurf erst in der Sitzung vom 18. Dezember zur Sprache und wurde mit einigen unwichtigen Abänderungen zum Beschluss erhoben.

Bahnlinie oder Abänderungen in den Statuten, dürfen nur mit Bewilligung des Regierungsrathes und unter Bestätigung des Grossen Rathes Statt finden.

§. 3.

Die Gesellschaft und in deren Nahmen die von derselben gewählte Direktion hat die Verbindlichkeit, alle Veranstaltungen zu treffen, welche in Folge der Eisenbahnanlegung und ihrer Benutzung für die Privat- und öffentliche Sicherheit nötig sind, nahmentlich für die Communicationen von diesseits und jenseits der Bahn, soweit es die Natur einer Eisenbahn gestattet, zu sorgen, und die hiezu erforderlichen Brücken, Durchgänge, Wasserzüge, Uebergänge und Wege auf ihre Kosten herzustellen und zu unterhalten.

Die Gesellschaft ist ferner verpflichtet, auf den Fall hin, dass durch die Anlegung der Eisenbahn eine theilweise veränderte Richtung einer schon bestehenden Haupt-, Land- oder Communicationsstrasse erforderlich würde, diese im Einverständnis mit dem Strassen-Departement vorzunehmende Verlegung auf ihre Kosten herzustellen. Ebenso hat die Gesellschaft diejenigen Mehrkosten zu tragen, die, wenn späterhin die Erbauung einer neuen Haupt-, Land- oder Communicationsstrasse beschlossen würde, aus dem Strassenübergang über oder unter der Eisenbahn entstehen würden.

Dem Finanzrathe liegt zunächst die Aufsicht über die Erfüllung dieser Verpflichtungen ob, er erlässt nöthigenfalls besondere Weisungen an die Direktion, welcher der Rekurs an den Regierungsrath offen steht, der definitiv entscheidet.

§. 4.

Für die durch den Betrieb der Eisenbahn den Staatseinnahmen am Postregal, an Weg- und Brückengeldern allfällig entspringenden Nachtheile leistet die Actiengesellschaft dem Staate eine angemessene Entschädigung, welche mit Rücksicht auf die vollendete Bahnstrecke vertragsweise je von 10 zu 10 Jahren zwischen dem Finanzrathe unter Genehmigung des Regierungsrathes und der Gesellschaft ausgemittelt wird.

Sollten sich die Verwaltungsbehörden und die Actiengesellschaft nicht verständigen können, so entscheidet darüber ein Schiedsgericht.

§. 5.

Die Gesellschaft ist gehalten, alljährlich einen Auszug aus den Rechnungen und den Verhandlungen der Generalversammlung, sowie den Jahresbericht der Direction dem Regierungsrate einzugeben.

§. 6.

Die Basel-Zürcher-Eisenbahngesellschaft unterliegt gleich jeder andern Privatunternehmung den Gesetzen und Verordnungen des Landes. Dieselbe und für sie die Direction ist berechtigt und verpflichtet, für die Handhabung der Bahnpoliccy nach einer durch den Finanzrath zu genehmigenden Instruction zu sorgen, und zu diesem Behufe ihre eigenen durch äussere in die Augen fallende Abzeichen kenntlich zu machenden Bahnpoliceybeamten und Wächter anzustellen. Dieses Personale hat alle zur Sicherstellung der Bahn erforderlichen Vorschriften und Verbote zu handhaben, für Abwendung aller Gefährdungen der Bahnfahrt die nötigen Vorkehrungen zu treffen und etwanige Störer oder Beschädiger im Betretungsfalle sofort selbst festzunehmen und an die betreffenden Vollziehungsbeamteten zur Ueberweisung an die competente Gerichtsbehörde abzuliefern. Die Bahnwärter werden von dem Bezirksrath in's Handgelübd genommen.

§. 7.

Die gedachte Gesellschaft ist schuldig, den Anschluss anderer vom Staate autorisirten oder von ihm selbst ausgehenden Eisenbahnunternehmungen in dem Sinne zu gestatten, dass sie solche Zweigbahnen an schicklicher Stelle in ihre Bahn aufnimmt und die auf solche Weise ihr zugeführten Personen und Güter nach den gleichen für ihre Bahn geltenden Transporttaxen weiter befördert.

§. 8.

Bei Truppenzügen im effektiven Kriegsdienst ist die Gesellschaft verpflichtet, ohne Verzug auf Requisition des Befehlshabers, das Personelle und Materielle des Truppencorps gegen Vergütung der Hälfte der gewöhnlichen Taxen zu transportiren.

§. 9.

Die, kraft gegenwärtigen Gesetzes der Basel-Zürcher-Eisenbahngesellschaft erteilte Concession für die Erbauung und Benutzung einer Eisenbahn zwischen Basel und Zürich, ist für die Dauer von 99 auf einander folgenden Jahren gültig. Der Anfang der 99jährigen Concession wird von dem Jahre an gerechnet, in welchem die Eröffnung und wirkliche Benutzung der Bahn auf hierseitigem Gebiete bis an die aargauische Landesgrenze und von da an unter Genehmigung des h. Standes Aargau mindestens bis an die Stadt Baden Statt fand. Sollte binnen zwei Jahren, vom Tage der hiemit ertheilten Bewilligung, kein Anfang mit den Arbeiten an der Eisenbahn gemacht werden, so ist gegenwärtige Concession *ipso facto* als erloschen und aufgehoben erklärt.

§. 10.

Nach Ablauf der 99 Jahre steht der obersten gesetzgebenden Behörde des Cantons das Recht zu, entweder die Concession auf Grundlage der gegenwärtigen Bestimmungen für eine weitere dannzumahl festzusetzende Reihe von Jahren zu erneuern, oder die Eisenbahn auf Rechnung des Staates unter nachfolgenden Bedingungen zu übernehmen:

a) Die Cantone, durch deren Gebiet die Eisenbahn läuft, vereinigen sich zur gemeinsamen Uebernahme der Bahn.

b) Die Abtretung umfasst alles bewegliche und unbewegliche Eigenthum der Basel-Zürcher-Eisenbahngesellschaft, mit Ausnahme des von der Gesellschaft gegründeten Reservefonds, welcher ihr Eigenthum und zu ihrer freyen Verfügung bleibt.

c) Die von den übernehmenden Cantonen und demgemäss auch von dem Stande Zürich, so weit es denselben betrifft, an die Gesellschaft für die gesamte Eisenbahn zu leistende Entschädigung, wird auf folgende Weise ausgemittelt und abgetragen:

Es wird nach den Verwaltungsrechnungen der Gesellschaft für die letzten 10 Jahre der Concession ein Durchschnitt des Reinertrages aus dem Betriebe der Eisenbahn gezogen, das Ergebniss dieses zehnjährigen Durchschnittes im zwanzigfachen Werthe capitalisirt und das hieraus entspringende Gesammt-Capital entweder auf einmahl oder längstens in 10 gleichen Jahreszahlungen mit dem betreffenden Zins zu 5% an die Gesellschaft aushinbezahlt.

§. 11.

Da hier der Fall eingetreten ist, wo nach § 18 des Gesetzes vom 11. März 1838 über Abtretung von Privatrechten, dasselbe seine Anwendung auch auf Privatunternehmungen findet, wenn solche im öffentlichen Interesse geschehen, so wird in Folge des gegenwärtigen Gesetzes der Basel-Zürcher-Eisenbahn-Gesellschaft die Befugniss ertheilt, für die Erbauung der Eisenbahn (Doppelbahn) nach den von derselben angegebenen Hauptrichtungen auf hierseitigem Gebiete die Abtretung von Privatrechten gemäss den Bestimmungen des § 12 zu verlangen.

§. 12.

Es ist Sache der Eisenbahndirection, sich mit den Besitzern von abzutretenden Privatrechten über deren Entschädigung zu verständigen. Sollte die Ausmittlung derselben auf dem Wege der Unterhandlung nicht erzielt werden können, so haben die zuständigen Gerichte über den Betrag zu entscheiden, wobey es diesen überlassen bleibt, sowohl den Wert des abzutretenden Objectes als den allfälligen demselben aus der eigenthümlichen Beschaffenheit der Eisenbahn erwachsenden Schaden oder Nachtheil durch beliebige unparteyische Experte schätzen zu lassen. Im Uebrigen kommen die §§ 14, 15, 16 und 17 des Gesetzes vom 21. März 1838 auch hier in Anwendung.

§. 13.

Mit Hinsicht auf die der Basel-Zürcher-Eisenbahngesellschaft für einen bestimmten Zweck verliehene Bewilligung der Anwendung des Expropriationsgesetzes, wird der Umfang derselben hienach begränzt und festgesetzt, wie folgt:

Das Recht der Gesellschaft, die Abtretung von Privatrechten zu fordern, erstreckt sich:
a) Auf den zum Raum der Bahn (Doppelbahn) selbst erforderlichen Grund und Boden.
b) Auf den zu den Ausweichungen nöthigen Raum.
c) Auf den Raum zur Unterbringung von Erde, Schutt, Materialien u. s. w. bey Einschnitten und Abtragungen.
d) Auf den Grund und Boden für solche Anlagen, welche zu dem Zwecke, damit die Bahn als solche benützt werden könne, nöthig und zugleich an eine bestimmte Stelle gebunden sind, als Zu- und Abfahrten, Wasserzüge, Bahnhöfe, Werkstätten, Aufscher- und Wärterhäuser, Wasser- und Vorratsstationen u. s. w.
e) Die gleiche Befugniss steht der Actiengesellschaft ebenfalls da zu, wo für die gleichen oben angegebenen Zwecke nicht nur Grundeigenthum, sondern auch andere Privatrechte abgetreten werden sollen.

§. 14.

Der Regierungsrath ist mit Vollziehung dieses Gesetzes beauftragt.

Beilage II.

Beschluss,

betreffend

die Konzession für eine Eisenbahn von Zürich nach Basel und Aarau.

Der Grosse Rath,
auf den Antrag des Regierungsrathes
beschliesst:

§. 1. Das Vorhaben der Erbauung einer von Zürich längs dem Rheine als Verbindung mit Basel und den dort ausmündenden französischen und grossherzoglich-badischen Eisenbahnen, so wie auch in westlicher Richtung, vorläufig bis Aarau zu bauenden Eisenbahn wird im Allgemeinen genehmigt.

§. 2. Die durch die HHerren M. Escher-Hess, Kd. Ottlnhof, Schulthess-Landolt, S. Pestalozzi und Schulthess-Rechberg zu gründende Aktiengesellschaft wird ermächtigt, die Eisenbahn auf Grundlage der eingereichten Pläne und Fundamentalstatuten, und in Gemässheit der Bestimmungen gegenwärtiger hoheitlicher Konzession auf ihre Kosten zu erbauen und zu ihrem Vortheil zu benutzen.

Die durch die Aktiengesellschaft auf Grundlage der Fundamentalstatuten weiter ausgeführten Statuten bedürfen der Genehmigung des Regierungsrathes und können ohne dessen Zustimmung nicht abgeändert werden.

Abweichungen von den angegebenen Hauptrichtungen der Bahnlinie dürfen nur mit Bewilligung des Regierungsrathes und unter Bestätigung des Grossen Rathes stattfinden.

§. 3. Die Gesellschaft und in deren Namen die von derselben gewählte Direktion hat die Verbindlichkeit, alle Veranstaltungen zu treffen, welche in Folge der Eisenbahnanlegung und ihrer Benutzung für die Privat- und öffentliche Sicherheit nöthig sind, namentlich für die Kommunikationen von diessseits und jenseits der Bahn, soweit es die Natur einer Eisenbahn gestattet, zu sorgen, und die hiezu erforderlichen Brücken, Durchgänge, Wasserzüge, Uebergänge und Wege auf ihre Kosten herzustellen und zu unterhalten.

Die Gesellschaft ist ferner verpflichtet, da wo die Anlegung der Eisenbahn eine theilweise veränderte Richtung einer schon bestehenden Haupt-, Land-, Kommunikations- oder Nebenstrasse erforderlich macht, diese im Einverständniss mit den betreffenden Behörden vorzunehmende Verlegung auf ihre Kosten herzustellen.

Ebenso hat die Gesellschaft drei Viertheile derjenigen Mehrkosten zu tragen, die bei späterer Erbauung einer neuen Haupt-, Land- oder Kommunikationsstrasse und Kreuzung derselben mit der Bahn entstehen.

Dem Regierungsrathe liegt die Oberaufsicht über die Erfüllung dieser Verpflichtungen ob; er bezeichnet das Kollegium, welches zunächst diese Aufsicht ausübt, und von welchem Rekurs an den Regierungsrath offen steht.

§. 4. Für die durch den Betrieb der Eisenbahn den Staatseinnahmen am Postregale, an Weg- und Brückengeldern allfällig entspringenden Nachtheile, leistet die Aktiengesellschaft dem Staate vollständige Entschädigung, welche mit Rücksicht auf die vollendete Bahnstrecke vertragsweise je von 5 zu 5 Jahren zwischen dem Finanzrathe unter Genehmigung des Regierungsrathes und der Gesellschaft ausgemittelt wird.

Sollten sich die Verwaltungsbehörden und die Aktiengesellschaft nicht verständigen können, so entscheidet darüber ein nach den Bestimmungen des §. 11 im Gesetze vom 21. Merz 1838 aufzustellendes Schiedsgericht.

Der Staat ist ferner berechtigt, die Eisenbahn für die Versendung des Brieffelleisens nebst Valoren, letztere bis auf das Gewicht von 50 ℔ mit einem Kondukteur unentgeltlich zu benutzen, und zwar in der Weise, dass die Briefe und Valoren nirgends anders als an den von der Gesellschaft eingerichteten oder aufgestellten Stationen abgegeben und aufgenommen werden können.

§. 5. Die Gesellschaft ist gehalten, alljährlich einen Auszug aus den Rechnungen und den Verhandlungen der Generalversammlung sowie den Jahresbericht der Direktion dem Regierungsrathe einzugeben.

§. 6. Die Eisenbahngesellschaft unterliegt gleich jeder andern Privatunternehmung den Gesetzen und Verordnungen des Landes. Dieselbe und für sie die Direktion ist berechtigt und verpflichtet, für die Handhabung der Bahnpolizei nach einer durch den Regierungsrath zu genehmigenden Instruktion zu sorgen, und zu diesem Behufe ihre eigenen, durch äussere in die Augen fallende Abzeichen kenntlich zu machenden Bahnpolizeibeamten und Wächter anzustellen. Dieses Personale hat alle zur Sicherstellung der Bahn erforderlichen Vorschriften und Verbote zu handhaben, für Abwendung aller Gefährdungen der Bahnfahrt die nöthigen Vorkehrungen zu treffen und etwanige Störer oder Beschädiger im Betretungsfalle sofort selbst festzunehmen und an die betreffenden Vollziehungsbeamten zur Ueberweisung an die kompetente Behörde abzuliefern. Die Bahnwärter werden von dem Bezirksrathe ins Handgelübde genommen.

§. 7. Von dem Zeitpunkte an, wo die jährlichen Einnahmen des Unternehmens nach einer mehrjährigen Durchschnittsberechnung eine Dividende von mehr als 10% ergeben, soll eine den

Umständen angemessene Reduktion in den Transportpreisen von Personen und Waaren eintreten.

Den für Personen- und Waarentransport angenommenen Tarif und die spätern Aenderungen hat die Gesellschaft sofort bei deren Eintritt, im Falle der Erhöhung aber sechs Monate vor Anwendung derselben, dem Regierungsrathe anzuzeigen und öffentlich bekannt zu machen.

§. 8. Die gedachte Gesellschaft ist schuldig, den Anschluss anderer vom Staate autorisirter oder von ihm selbst ausgehender Eisenbahnunternehmungen in dem Sinne zu gestatten, dass sie solche Bahnen an schicklicher Stelle in die ihrige aufnimmt und die auf solche Weise ihr zugeführten Personen und Güter nach den gleichen, für ihre Bahn geltenden, Transporttaxen weiter befördert.

Die Gesellschaft ist verpflichtet alle Waaren, mit deren Transport sie sich befasst, zu den festgesetzten Preisen gleichmässig ohne Rücksicht auf die Personen der Versender oder Empfänger zu befördern.

§. 9. Bei Truppenzügen im effektiven Kriegsdienst ist die Gesellschaft verpflichtet, ohne Verzug auf Requisition des Befehlshabers das Personelle und Materielle des Truppenkorps gegen Vergütung der Hälfte der niedersten von ihr festgesetzten Taxen zu transportiren.

§. 10. Die kraft gegenwärtigen Beschlusses der Eisenbahngesellschaft ertheilte Konzession für die Erbauung und Benutzung einer Eisenbahn zwischen Basel und Zürich ist für die Dauer von 75 auf aufeinander folgenden Jahren gültig.

Der Anfang der fünfundsiebzigjährigen Konzession wird von dem Jahre an gerechnet, in welchem die Eröffnung und wirkliche Benutzung der Bahn auf hierseitigem Gebiete bis an die Aargauische Landesgrenze und von da an unter Genehmigung des h. Standes Aargau mindestens bis an die Stadt Baden statt fand. Sollte binnen zwei Jahren, vom Tage der hiermit ertheilten Bewilligung, kein Anfang mit den Erdarbeiten an der Eisenbahn gemacht werden, so ist gegenwärtige Konzession ohne Weiteres als erloschen und aufgehoben erklärt.

Tritt der Fall der Erlöschung nicht ein, so wird während eines Zeitraumes von 15 Jahren keine Konzession für Errichtung einer zweiten Eisenbahn von Zürich nach Baden ertheilt.

§. 11. Nach Ablauf der 75 Jahre steht der obersten gesetzgebenden Behörde des Kantons das Recht zu, entweder die Konzession für eine weitere dannzumal festzusetzende Reihe von Jahren zu erneuern, oder die Eisenbahn im Einverständnisse mit den Regierungen, durch deren Gebiet die Bahn sich zieht, auf eigene Rechnung des Staates zu übernehmen, letzteres gegen vollständigen der Gesellschaft zu leistenden Ersatz für den Werth des an den Staat abzutretenden Eigenthums derselben an der Bahn selbst, den dazu gehörigen Gebäuden, Geräthschaften, Vorräthen und dem sonstigen Material, welche Objekte ohne Rücksicht auf den dannzumaligen Ertrag der Bahn noch auf den Preis der Aktien nach ihrem dannzumaligen Bestande geschätzt werden.

Sollte kein Einverständniss möglich sein, so würde das in §. 4 erwähnte Schiedsgericht den Streitfall entscheiden.

Der von der Gesellschaft gegründete Reservefond bleibt unter allen Umständen ihr Eigenthum und zu ihrer freien Verfügung.

§. 12. Da hier der Fall eingetreten ist, wo nach §. 18 des Gesetzes vom 21. März 1838 über Abtretung von Privatrechten dasselbe seine Anwendung auch auf Privatunternehmungen findet, wenn solche im öffentlichen Interesse geschehen, so wird in Folge des gegenwärtigen Beschlusses der Eisenbahngesellschaft die Befugniss ertheilt, für die Erbauung der Eisenbahn (einfachen oder Doppelbahn) nach den von derselben angegebenen Hauptrichtungen auf hierseitigem Gebiete die Abtretung von Privatrechten, gemäss den Bestimmungen des nachfolgenden §. 13 zu verlangen.

§. 13. Es ist die Sache der Eisenbahndirektion sich mit den Besitzern von abzutretenden Privatrechten über deren Entschädigung zu verständigen. Sollte die Ausmittlung derselben auf dem Wege der Unterhandlung nicht erzielt werden können, so haben die zuständigen Gerichte über den Betrag zu entscheiden, wobei es diesen überlassen bleibt, sowohl den Werth des abzutretenden Objektes, als den allfälligen, demselben aus der eigenthümlichen Beschaffenheit der Eisenbahn erwachsenden Schaden oder Nachtheil durch beliebige unparteiische Experte schätzen zu lassen. Im Uebrigen kommen die §§. 14, 15, 16 und 17 des Gesetzes vom 21. März 1838 auch hier in Anwendung.

§. 14. Mit Hinsicht auf die der Eisenbahngesellchaft für einen bestimmten Zweck verliehene Bewilligung der Anwendung des Expropriationsgesetzes wird der Umfang derselben hiernach begränzt und festgesetzt, wie folgt:

Die Befugniss der Gesellschaft, die Abtretung von Grundeigenthum oder andern Privatrechten zu fordern, erstreckt sich:
a. auf den zum Raum der Bahn (einfachen oder Doppelbahn) selbst erforderlichen Grund und Boden;
b. auf den zu den Ausweichungen und Bahnkreuzungen nöthigen Raum;
c. auf den Raum sowohl zur Unterbringung als zur Gewinnung von Erde, bei Einschnitten und Aufdämmungen und die hiefür nöthigen Kommunikationen mit der Bahn; ferner zu Ablagerung von Schutt, Materialien u. s. w.
d. auf den Grund und Boden für solche Anlagen, welche zu dem Zwecke, damit die Bahn als solche benutzt werden könne, nöthig und zugleich an eine bestimmte Stelle gebunden sind, als Zu- und Abfahrten, Wasserzüge, Bahnhöfe, Werkstätten,

Aufseher- und Wärterhäuser, Wasser- und Vorrathsstationen u. s. w.

§ 15. Der Regierungsrath ist mit der Vollziehung dieses Beschlusses beauftragt.

Zürich, den 26. Brachmonat 1845.

Im Namen des Grossen Rathes:
Der Präsident,
Dr. C. Bluntschli.
Der dritte Sekretär,
Gwaltert.

Wir Bürgermeister und Regierungsrath des Standes Zürich haben zum Behufe der Vollziehung des vorstehenden Beschlusses verordnet:

Dieser Beschluss soll den betreffenden Behörden zugestellt und sowohl in die Gesetzsammlung als in das Amtsblatt aufgenommen werden.

Also beschlossen Samstags den 28. Brachmonat 1845.

Der Amtsbürgermeister,
Dr. Furrer.
Der erste Staatsschreiber,
Hottinger.

Dekret

über Konzession und Expropriation für den Bau
einer Eisenbahn von Zürich bis Koblenz
an den Rhein und nach Aarau.

Vom 3. Juli 1845.

---

*Wir Präsident und Grosser Rath des Kantons Aargau
thun kund hiermit:*

Dass Wir — auf das von der Zürcher-Eisenbahnunternehmung an Uns gestellte Gesuch, die von einer durch sie zu gründenden Aktiengesellschaft von Zürich an den Rhein und längs demselben, als Verbindung mit Basel und den dort ausmündenden französischen und grossherzogl. badischen Eisenbahnen, auch in westlicher Richtung vorläufig bis Aarau zu erbauende Eisenbahn durch hierseitiges Gebiet führen zu dürfen, und in Erwägung, dass dieses Unternehmen durch das öffentliche Wohl (Art. 18. der Verfassung) gefordert wird, dieser Gesellschaft daher die geeignete Konzession zu ertheilen ist, und zum Behuf dieses Baues die für Abtretung und Entschädigung des Eigenthums erforderlichen Bestimmungen erlassen werden müssen, — verfassungsmässig

beschlossen haben:

I. Konzession.

§. 1.

Das Vorhaben einer von Zürich durch hierseitiges Gebiet an den Rhein und längs demselben als Verbindung mit Basel und den dort ausmündenden französischen und badischen Eisenbahnen, auch in westlicher Richtung vorläufig bis Aarau zu bauenden Eisenbahn wird im Allgemeinen genehmigt.

§. 2.

Die betreffende Aktiengesellschaft wird ermächtigt, die Eisenbahn von Zürich über Baden nach Koblenz auf Aargauischem Gebiete in der Richtung des auf dem vorliegenden Plan roth eingezeichneten Tracé zu erbauen.

Zugleich ist die Gesellschaft verpflichtet, in der von ihrem Oberingenieur als technisch am geeignetsten bezeichneten Richtung eine Zweigbahn nach Aarau zu erbauen. Das nähere Tracé dieser Verzweigung unterliegt der Genehmigung des Kleinen Rathes, und Modifikationen in demselben sollen nach seinem

Wunsche vorgenommen werden, sobald sich aus den von dem Oberingenieur der Gesellschaft an den Kleinen Rath eingereichten vergleichenden Berechnungen ergiebt, dass die dadurch hervorgerufenen Mehrausgaben einen Gesamtbetrag von zweimalhunderttausend französischen Franken nicht übersteigen.

Im Uebrigen soll die Ausführung der Eisenbahn und die Benutzung derselben durch die Gesellschaft nach Massgabe der vorliegenden Fundamental-Statuten und in Gemässheit der Bestimmungen gegenwärtiger hoheitlicher Konzession stattfinden.

Die Stationsorte auf beiden Bahnen werden von der Gesellschaft im Einverständniss mit dem Kleinen Rathe bestimmt.

Die durch die Aktiengesellschaft auf Grundlage der Fundamental-Statuten weiter ausgeführten Statuten bedürfen der Genehmigung des Kleinen Rathes und können ohne dessen Zustimmung nicht abgeändert werden.

Abweichungen von den einmal genehmigten Hauptrichtungen der Bahnlinie dürfen nur mit Bewilligung des Kleinen Rathes und unter Bestätigung des Grossen Rathes stattfinden.

§ 3.

Die Aktiengesellschaft und in deren Namen die von derselben gewählte Direktion hat die Verbindlichkeit, alle Veranstaltungen (§. 9.) zu treffen, welche infolge der Eisenbahnanlegung und ihrer Benutzung für die Privat- und öffentliche Sicherheit nöthig sind, so wie für die Kommunikation von diesseits und jenseits der Bahn zu sorgen und die hiezu erforderlichen Brücken, Durchgänge, Wasserzüge, Uebergänge und Wege, wie es die Natur einer Eisenbahn gestattet, auf ihre Kosten herzustellen und zu unterhalten.

Die Gesellschaft ist ferner verpflichtet, da, wo die Anlegung der Eisenbahn eine theilweise veränderte Richtung einer schon bestehenden Land- oder Nebenstrasse erforderlich macht, diese im Einverständniss mit den betreffenden Behörden vorzunehmende Verlegung auf ihre Kosten herzustellen.

Ebenso hat die Gesellschaft drei Viertheile derjenigen Mehrkosten zu tragen, die, wenn späterhin die Erbauung einer neuen Land- oder Nebenstrasse von Seite des Staates beschlossen würde, aus ihrer Kreuzung mit der Bahn entstehen würden.

Der Baukommission liegt zunächst die Aufsicht über die Erfüllung dieser Verpflichtungen ob; sie erlässt nöthigenfalls besondere Weisungen, über welche sowohl der Direktion als den übrigen Betheiligten der Rekurs an den Kleinen Rath zum endlichen Entscheid offen steht.

§. 4.

Für die durch den Betrieb der Eisenbahn den Staatseinnahmen am Postregale, an Weg- und Brückengeldern entspringenden Nachtheile leistet die Aktiengesellschaft dem Staate in einer jährlichen Aversalsumme vollständige Entschädigung, die mit Rücksicht auf die vollendete Bahnstrecke von fünf zu fünf Jahren vertragsweise zwischen der Finanzkommission unter Genehmigung des Kleinen Rathes, und der Gesellschaft ausgemittelt wird.

Sollten die Verwaltungsbehörden und die Aktiengesellschaft über den Betrag dieser Entschädigung sich nicht verständigen können, so entscheidet darüber ein Schiedsgericht, zu dessen Bildung jeder Theil zwei Mitglieder aus allen Bürgern des Kantons Aargau ernennt.

Der Obmann wird, wenn die Schiedsrichter in seiner Wahl nicht einig werden, vom Obergericht aus den Magistraten anderer nicht betheiligter Kantone bezeichnet.

§. 5.

Dieses Schiedsgericht, das seinen Sitz im Aargau nehmen soll, und bei seinen Aussprüchen an dieses Dekret und die Landesgesetze gebunden ist, steht im Weitern unter den diesfälligen Vorschriften der Prozessordnung.

§. 6.

Der Transport von Briefen und Valoren, so wie von beschwerten Gegenständen, soweit dieselben nach hierseitigen Gesetzen und Verordnungen unter den Begriff des Postregals fallen, bleibt übrigens auf den von der Eisenbahn durchzogenen Strassenlinien ferner ausschliesslich Sache des Staates. Jedoch ist die Aktiengesellschaft verpflichtet, diese Postgegenstände im Hin- und Herwege zwischen Zürich, Basel und Aarau täglich zusammen im Gewicht bis auf zwölf Zentner sicher und unentgeldlich nebst einem Konducteur zu transportiren, und sollen diese Postgegenstände auf den Eisenbahnstationen nach Begehren auf- und abgeladen werden können. Für das Mehrgewicht der Ladung an Poststücken wird die Postadministration an die Aktiengesellschaft eine durch Uebereinkunft zu bestimmende Fracht entrichten.

Die diesfälligen Verhältnisse werden durch einen zwischen der Postadministration mit Ratifikation des Kleinen Rathes und der Aktiengesellschaft abzuschliessenden Vertrag des Nähern bestimmt werden.

§. 7.

Die Aktiengesellschaft ist schuldig, zu ihrer allgemeinen rechtlichen Vertretung ein Domizil im Aargau zu verzeigen.

§. 8.

Die Gesellschaft ist gehalten, alljährlich einen Auszug aus den Rechnungen und den Verhandlungen der Generalversammlungen, so wie den Jahresbericht der Direktion, dem Kleinen Rathe einzugeben.

§. 9.

Die Eisenbahngesellschaft sammt ihrer Unternehmung unterliegt den Gesetzen und Verordnungen des Landes. Dieselbe und für sie die Direktion ist berechtigt und verpflichtet, für die Handhabung der Bahnpolizei, nach einer durch die Baukommission zu genehmigenden Instruktion, zu sorgen (§. 3.) und zu diesem Behufe ihre eigenen, durch äussere in die Augen fallende Abzeichen kenntlich zu machenden Bahnpolizeibeamteten und Wärter anzustellen.

Dieses Personale hat alle zur Sicherstellung der Bahn erforderlichen Vorschriften und Verbote zu handhaben, für Abwendung aller Gefährdungen der Bahnfahrt die nöthigen Vorkehrungen zu treffen und etwaige Störer oder Beschädiger im Betretungsfalle sofort selbst festzunehmen und an die betreffenden Vollziehungsbeamteten zur Ueberweisung an die kompetente Behörde abzuliefern.

Die Polizeibeamteten und Wärter der Bahn auf aargauischem Gebiete müssen aargauische Angehörige seyn und werden von dem Bezirksamtmann beeidigt.

§. 10.

Die gedachte Gesellschaft ist schuldig, den Anschluss anderer, vom Staate autorisierter oder von ihm selbst ausgehender Eisenbahn-Unternehmungen in dem Sinne zu gestatten, dass sie solche Bahnen in die ihrige aufnimmt, und die auf solche Weise ihr zugeführten Personen und Güter nach den gleichen, für ihre Bahn geltenden Transporttaxen weiter befördert.

Die Gesellschaft ist verpflichtet, alle Waaren, mit deren Transport sie sich befasst, zu den festgesetzten Preisen gleichmässig, ohne Rücksicht auf die Personen der Versender oder Empfänger, zu befördern.

§. 11.

Bei Truppenzügen im effektiven Kriegsdienst ist die Gesellschaft verpflichtet, ohne Verzug auf Requisition des Befehlshabers das Personelle und Materielle des Truppenkorps gegen Vergütung der Hälfte der gewöhnlichen Taxen zu transportiren.

§. 12.

Die kraft gegenwärtigen Dekrets der Eisenbahngesellschaft erteilte Konzession für die Erbauung und Benutzung der Eisenbahnen zwischen Zürich, Basel und Aarau auf aargauischem Gebiete ist für die Dauer von 75 auf einander folgenden Jahren gültig. Der Anfang der 75jährigen Konzession ist von dem Jahre an gerechnet, in welchem die Eröffnung und wirkliche Benutzung der Bahn von Zürich bis nach Baden stattfinden wird.

Sollte binnen zwei Jahren vom Tage der hiemit ertheilten Bewilligung kein Anfang mit den Erdarbeiten an der Eisenbahn gemacht, — oder der Bau der Bahn nach Aarau nicht gleichzeitig mit derjenigen von Baden bis an den Rhein betrieben, — oder die wirkliche Benutzung der erstern nicht gleichzeitig mit derjenigen des letztern bleibend eröffnet werden, so ist gegenwärtige Konzession ohne Weiteres als erloschen und aufgehoben erklärt

Tritt der Fall der Erlöschung nicht ein, so wird während eines Zeitraumes von 15 Jahren keine neue Konzession für die gleiche Bahnstrecke ertheilt.

§. 13.

Nach Abfluss der 75 Jahre steht der obersten gesetzgebenden Behörde des Landes das Recht zu, entweder die Konzession für eine weitere, dannzumal festzusetzende Reihe von Jahren zu erneuern, oder die Eisenbahn auf eigene Rechnung des Staates zu übernehmen; letzteres gegen vollständigen, der Gesellschaft zu leistenden Ersatz für den Werth des an den Staat abzutretenden Eigenthums derselben an der Bahn selbst, den dazu gehörigen Gebäulichkeiten, Geräthschaften, Vorräthen und dem sonstigen Material, ohne Rücksicht auf den dannzumaligen Ertrag der Bahn, noch auf den Preis der Aktien.

Sollte kein Einverständniss möglich seyn, so hat ein nach §. 4. aufgestelltes Schiedsgericht den Streit zu entscheiden.

Der von der Gesellschaft gegründete Reservefond bleibt unter allen Umständen ihr Eigenthum und zu ihrer freien Verfügung.

§. 14.

Für eine Fortsetzung der vorläufig nach Aarau geführten Bahn in westlicher Richtung ist der gegenwärtigen Eisenbahngesellschaft gegenüber allfälligen anderen Unternehmern der Vorzug in sofern zugesichert, als sie dieselbe im Uebrigen mindestens unter gleichen, hierseits annehmbaren Bedingungen, wie solche von Konkurrenten eingegangen werden wollten, übernehmen würde.

II. Expropriation.

§. 15.

Infolge des gegenwärtigen Dekrets wird der Eisenbahngesellschaft die Befugniss ertheilt, für die Erbauung der Eisenbahn (einfachen oder Doppelbahn) nach den von derselben angegebenen Hauptrichtungen auf hierseitigem Gebiete die Abtretung von Grundeigenthum oder andern Privatrechten in nachfolgender Begränzung zu verlangen.

Es erstreckt sich nämlich diese Befugniss:
a. auf den zum Raum der Bahn (einfachen oder Doppelbahn) selbst erforderlichen Grund und Boden;
b. auf den zu den Ausweichungen und Bahnkreuzungen nöthigen Raum;
c. auf den Raum sowohl zur Unterbringung als zur Gewinnung von Erde bei Einschnitten und Aufdämmungen, und zu den hiefür nöthigen Kommunikationen mit der Bahn; ferner zur Ablagerung von Schutt, Materialien u. s. w.;

d. auf den Grund und Boden für solche Anlagen, welche zu dem Zwecke, damit die Bahn als solche benutzt werden könne, nöthig, und zugleich an eine bestimmte Stelle gebunden sind, als Zu- und Abfahrten, Wasserzüge, Bahnhöfe, Werkstätten, Aufseher- und Wärterhäuser, Wasser- und Vorrathsstationen u. s. w.

Entsteht in einem der Fälle sub. lit. d. ein Einspruch gegen die Pflicht der Abtretung, so ist darüber ein gleiches Verfahren einzuleiten, wie bei Streitigkeiten über den Umfang der Abtretung und das Mass der Entschädigung.

§. 16.

Es ist Sache der Eisenbahndirektion, sich mit den Besitzern von Abtretungsgegenständen (§. 15.) über deren Entschädigung zu verständigen. Sollte die Ausmittlung derselben auf dem Wege der Unterhandlung nicht erzielt werden können, so findet die Abtretung des zum Behuf der Eisenbahn erforderlichen Eigenthums, sei es Staats-, Gemeinde- oder Privatgut, und der darauf bezüglichen Rechte ohne Ausnahme auf folgende Weise statt.

A. Umfang der Abtretung.

§. 17.

Wenn ein Theil eines Gebäudes oder eines Gartens abgetreten werden soll, so kann der Eigenthümer verlangen, dass auch der übrigbleibende Theil übernommen werde.

§. 18.

Wo ein oder mehrere, zu demselben Gewerbsbetrieb gehörige Gebäude, oder ein dazu erforderlicher, dabei gelegener Platz abgetreten werden soll, kann der Eigenthümer verlangen, dass ihm die zum nämlichen Gewerbsbetrieb gehörigen Gebäude oder Plätze insgesammt abgenommen werden, wenn ihm durch die Lostrennung des abzutretenden Theils der Betrieb wesentlich erschwert würde, ohne dass das Hinderniss durch eine angemessene Einrichtung beseitigt werden könnte.

§. 19.

Wenn nur ein Theil eines Ackers, einer Wiese, eines Rebstückes oder Waldes abgetreten werden soll, so kann der Eigenthümer verlangen, dass der übrigbleibende Theil mitübernommen werde, wenn derselbe nicht einen zusammenhängenden Flächenraum von 5,000 Quadratfuss bildet.

§. 20.

In den Fällen der §§. 17. 18. 19. 21. und 22. soll gleichzeitig die Schätzung sowohl über das Ganze als über den Theil, dessen Abtretung verlangt wird, aufgenommen werden.

§. 21.

Der Eigenthümer der Liegenschaft, zu deren Vortheil eine Berechtigung besteht, kann, wenn diese durch das Eisenbahnunternehmen aufgehoben oder beschränkt wird, vollen Schadensersatz fordern, oder im Falle eines erschöpfenden Nachtheils verlangen, dass ihm die Liegenschaft selbst abgenommen werde.

§. 22.

Wird infolge des Unternehmens die zwangsweise Errichtung einer Dienstbarkeit auf einem bis dahin frei gewesenen Eigenthum nothwendig, so kann der Eigenthümer vollen Ersatz des Schadens fordern, oder im Falle eines durch die Belastung entstehenden, erschöpfenden Nachtheils verlangen, dass ihm die Liegenschaft selbst abgenommen werde.

§. 23.

In allen andern durch die §§. 17. 18. 19. 21. und 22. nicht vorgesehenen Fällen, wo es sich ebenfalls um eine theilweise Abtretung handelt, kann der Eigenthümer nicht fordern, dass ihm das Ganze abgenommen werde.

B. Entschädigung und Massstab derselben.

§. 24.

Bei der Bestimmung der für den abzutretenden Gegenstand zu entrichtenden vollen Entschädigung ist nicht nur der allgemeine Werth nach Kauf und Lauf in Anschlag zu bringen, sondern es ist überdies Rücksicht zu nehmen:
a. auf den Mehrwerth nach der bisherigen Benutzungsweise im Zusammenhang;
b. auf die Werthsverminderung der übrigen Besitztheile eines Eigenthümers;
c. auf den unvermeidlichen Verlust, welcher dem Eigenthümer durch die Abtretung vorübergehend oder bleibend in seinem Erwerb erwächst;
d. auf Ersatz für Früchte, deren Erndte vereitelt wird;
e. auf Ersatz für Entschädigungen, welche der Eigenthümer andern Betheiligten zu leisten hat.

Dagegen kommen bei der Ausmittlung der Entschädigung nicht in Anschlag:
a. alle blos von der Zukunft erwarteten Vortheile, und ebenso
b. diejenigen, welche dem Ueberreste des abzutretenden Gegenstandes erst infolge des die Abtretung veranlassenden Unternehmens zuwachsen mögen.

§. 25.

Die auf dem Abtretungsgegenstand haftenden Hypotheken und die auf demselben im Hypothekenbuche etwa eingetragenen Verfügungsbeschränkungen erlöschen bei dessen Abtretung. Die diesfälligen Verbindlichkeiten, für welche jene bestellt waren, gehen jedoch auf die Entschädigungssumme über.

Die Pfandgläubiger müssen sich die Abtragung ihrer Forderungen gefallen lassen.

Wird dabei eine vertragsmässige Aufkündungspflicht nicht beachtet, so hat die Gesellschaft dem Gläubiger für die daherige Zeitfrist das Zinsbetreffniss zu vergüten.

§. 26.

Steht ein Eigenthümer hinsichtlich der abzutretenden Liegenschaft mit andern Grundeigenthümern in einem Hypothekar-Schuldverbande und trägt die daherige Entschädigungssumme (§. 25) mehr als sein Schuldbetreffniss ab, so tritt er, seinen Mitschuldnern gegenüber im gleichen Umfange, in die Rechte des Gläubigers von Gesetzeswegen ein.

§. 27.

Ist der Abtretungsgegenstand vermiethet oder verpachtet, so kann der Miether oder Pächter, wegen des durch die Auflösung des daherigen Vertrags ihm zugehenden erweislichen Schadens, vollen Ersatz aus der Gesammtentschädigungssumme des Eigenthümers verlangen.

§. 28.

Wenn auf einem abzutretenden Grundeigenthum einem andern das Nutzniessungsrecht zusteht, so muss ihm der Eigenthümer für die künftige Benutzung des Entschädigungswerthes Sicherheit leisten.

§. 29.

Für Benutzungs- und Wohnungsrechte, die auf abzutretenden Gebäuden oder Grundstücken haften, ist in dem Umfange, wie sie durch die Abtretung aufgehoben oder geschmälert werden, aus der Entschädigungssumme des Eigenthümers volle Vergütung zu leisten. In solchen Fällen soll der Gegenstand mit Rücksicht auf die Werthverminderung durch die Last, und dann diese besonders abgeschätzt werden.

§. 30.

Wenn eine Grunddienstbarkeit auf dem Abtretungsgegenstande lastet, so dauert dieselbe, wenn deren Ausübung durch die neue Unternehmung nicht verhindert wird, auch nach der Abtretung fort. Im entgegengesetzten Falle kommen die Vorschriften des §. 21. zur Anwendung.

§. 31.

Ruht auf dem Abtretungsgegenstand die Zehnt- oder Bodenzinslast, so ist das Betreffniss sofort von der Entschädigungssumme abzuziehen und zum Voraus abzutragen.

C. Verfahren.

§. 32.

Zum Behuf einer gehörigen Ermittlung des Umfangs der Abtretung bei den einzelnen Gegenständen und der vollen Entschädigung für sämmtliche Betheiligte besteht in jedem Bezirk eine Schätzungskommission von 5 Mitgliedern, von denen eines rechtskundig sein soll und die übrigen vier mit Rücksicht auf Kenntniss der Landökonomie und des Baufaches zu wählen sind. Wenigstens zwei Mitglieder müssen Angehörige des betreffenden Bezirkes seyn. Wahl und Beeidigung derselben steht dem Kleinen Rathe zu. Er erwählt in gleicher Weise drei Ersatzmänner, unter diesen ebenfalls einen Rechtskundigen.

Das rechtskundige Mitglied ist Vorsteher der Kommission und leitet ihre Verhandlungen.

Ist eines oder sind mehrere der Mitglieder dieser Kommission betheiligt oder aus haltbaren Gründen, über deren Zulänglichkeit der Kleine Rath entscheidet, von einem der Interessenten rekusirt, so treten die betreffenden Ersatzmänner ein, und wo dieses aus irgend einem Grunde unthunlich sein sollte, ernennt der Kleine Rath abermals einen oder die nöthigen unbetheiligten Ersatzmänner, die nicht rekusirt werden können.

§. 33.

In Fällen, wo besondere Kunst- und Sachkenntnisse erforderlich sein sollten, können den Schätzern auf Verlangen eines Interessenten oder der Schätzer selbst, ein oder zwei Sachkundige mit berathender Stimme beigegeben werden. Der Kleine Rath bezeichnet, der betreffende Bezirksamtmann verpflichtet dieselben.

§. 34.

Die Schätzer haben sich an dem für die Schätzung bestimmten und vorher öffentlich bekannt zu machenden Tage sowohl von dem Erwerbenden als den sämmtlichen Abtretungspflichtigen, unter Zuziehung eines Abgeordneten des betreffenden Gemeinderathes, alle Aufschlüsse über den Werth des abzutretenden Gutes und über die auf demselben ruhenden Rechte und Verpflichtungen geben zu lassen. Sie sollen überdies durch Augenschein und anderweitige geeignete Nachforschungen sich selbst ein bestimmtes Urtheil zu bilden trachten.

Der Bericht über die hierauf von ihnen vorgenommene amtliche Schätzung, welcher das Entschädigungsbetreffniss für jeden einzelnen Betheiligten — wenn es verlangt wird, die Minderheitsmeinungen — enthalten und von allen Mitgliedern unterzeichnet sein soll, ist binnen zehn Tagen nach der Schätzung dem Gerichtspräsidenten des betreffenden Bezirkes einzureichen.

Bei gleichgetheilten Stimmen entscheidet der vorsitzende Rechtskundige.

Der Gerichtspräsident lässt den Schätzungsbericht sofort allen bei der Abtretung Betheiligten in beglaubigten Auszügen zustellen und darüber Bescheinigung zu den Akten nehmen.

Auch kann jeder Interessent den ganzen Bericht auf der Gerichtskanzlei einsehen, ohne dass jedoch dieses auf den Lauf der Frist zum Einspruche Einfluss hätte.

§. 35.

Jeder bei der Abtretung aus irgend einem Rechtsgrunde Betheiligte hat das Recht, binnen 14 Tagen, vom Tage der an ihn erfolgten Zustellung des Auszuges des Schätzungsberichtes an, gegen diesen, oder gegen die mit demselben nicht übereinstimmenden Erklärungen und Anerbietungen des Abtretungspflichtigen und beziehungsweise erwerbenden Theils Einspruch bei dem Bezirksgerichtspräsidenten zu erheben, welcher den Empfang desselben dem Einsprecher zu bescheinigen hat.

Wird binnen der obbestimmten Frist der vierzehn Tage, die im Schätzungsbericht ausdrücklich angezeigt werden soll, kein Einspruch gemacht, so wird diese Unterlassung als eine Verzichtleistung auf denselben angesehen.

§. 36.

Ist ein Einspruch nach §. 35. erhoben, so wird die Frage über den Umfang der Abtretung bei den einzelnen Gegenständen und über die Entschädigung durch ein Schiedsgericht entschieden, zu dessen Bildung jeder Theil aus allen im Kanton anwesenden Bürgern desselben zwei Mitglieder binnen 14 Tagen ernennt. Der Obmann wird, wenn sich die Schiedsrichter über seine Wahl nicht verständigen können, vom Obergericht bezeichnet.

Sollte die Wahl der Mitglieder des Schiedsgerichts von einer Partei innerhalb der Frist von 14 Tagen der Gegenpartei nicht angezeigt worden sein, so hat das betreffende Bezirksgericht auf Begehren der andern Partei dieselbe sofort vorzunehmen und die Parteien davon in Kenntniss zu setzen.

§. 37.

Das Schiedsgericht, das seinen Sitz im Aargau nehmen muss und bei seinen Aussprüchen an dieses Dekret und die Landesgesetze gebunden ist, steht im Weitern unter den diesfälligen Vorschriften der allgemeinen Prozessordnung.

§. 38.

Der rechtskräftige Ausspruch des Schiedsgerichts steht einem rechtskräftigen gerichtlichen Urtheile gleich.

§. 39.

Das Schiedsgericht ist nur dann berechtigt, von dem Schätzungsbericht abzuweichen oder eine neue Schätzung zu veranstalten, wenn Gründe vorhanden sind, welche ein solches Verfahren in andern Fällen beim Expertenbeweis rechtfertigen.

§. 40.

Der Betrag der Entschädigung wird binnen 14 Tagen, vom Tage der gütlichen Vereinbarung oder der Zustellung des rechtskräftig ergangenen Schiedsrichterspruches an gerechnet, bezahlt.

§. 41.

Die Entschädigungssumme wird in jedem Falle dem Gemeinderath derjenigen Gemeinde übermittelt, in deren Gemarkung das abzutretende Eigenthum gelegen ist.

Der Gemeinderath übergiebt ohne Verzug, bei Vermeidung der Exekution, den Betrag dem Eigenthümer, sofern das Eigenthum nicht als Hypothek oder für anderweitige Real- oder Personalrechte verhaftet ist. Wäre es aber auf solche Weise verhaftet, so darf der Gemeinderath den Entschädigungsbetrag nicht eher an den Eigenthümer ausliefern bis sich derselbe mit den betreffenden Berechtigten deshalb verständigt haben wird.

§. 42.

Erst infolge der Bezahlung der Entschädigungssumme geht in der Regel das Eigenthum des abzutretenden Gegenstandes auf den erwerbenden Theil über.

Jedoch wird ausnahmsweise in Fällen, wo es das Interesse der Unternehmung erfordert, das betreffende Bezirksgericht den erwerbenden Theil auf gestelltes Verlangen, gegen gerichtliche Deposition der in dem Schätzungsbericht bezeichneten Entschädigung und der vom Gericht zu bestimmenden Sicherstellung eines allfälligen Mehrbetrages derselben, sofort in den Besitz einweisen, insofern entweder der Schätzungsbericht genügende Auskunft über das Streitobjekt und dessen Werth ertheilt, oder auch nach der Abtretung die Grösse des Schadens füglich ermittelt werden kann.

Gegen eine solche ausnahmsweise Besitzeinweisung durch das Bezirksgericht findet die Berufung an das Obergericht mittelst Nichtigkeitsbeschwerde, und wenn der Werth des Streitgegenstandes die bezirksgerichtliche Kompetenz übersteigt, auch mittelst des Rekurses statt.

Schlussbestimmungen.

§. 43.

Der Vorsitzer der Schätzungskommission (§. 32.) wird mit einem Taggeld von Frk. 10, die Mitglieder und Ersatzmänner derselben werden mit einem Taggeld von Fr. 8, die besondern Experten und der gemeindräthliche Abgeordnete (§§. 33 und 34.) nach dem Ermessen der Schätzungskommission entschädigt.

§. 44.

Sämmtliche Kosten, welche durch die infolge dieses Dekrets vorgenommenen Verhandlungen und Erörterungen auflaufen, haben diejenigen zu tragen, welche die Abtretung von Eigenthum in Anspruch nehmen.

Von dieser Bestimmung sind jedoch die im Falle von Streitigkeiten auflaufenden Kosten ausgenommen.

Die Bezahlung dieser letztern unterliegt den allgemeinen gesetzlichen Vorschriften.

§. 45.

Der Kleine Rath ist mit der Bekanntmachung und Vollziehung dieses Dekretes beauftragt.

Gegeben in Unserer Grossen Raths-Versammlung in Aarau den 3. Heumonat 1845.

Der Präsident des Grossen Rathes:

G. Jäger.

Die Sekretäre:

J. Berner.

J. Isler.

Wir Landammann und Kleiner Rath
des Kantons Aargau
verordnen:

Vorstehendes Dekret über Konzession und Expropriation für den Bau einer Eisenbahn von Zürich bis Koblenz an den Rhein und nach Aarau, soll seinem ganzen Inhalte nach vollzogen, besonders gedruckt, vermittelst des Amtsblattes bekannt gemacht, und in die Sammlung der Gesetze und Verordnungen aufgenommen werden.

Gegeben in Aarau, den 7. Heumonat 1845.

Der Landstatthalter,
Vice-Präsident des Kleinen Rathes:

J. Borsinger.

Namens des Kleinen Rathes,
Der Staatsschreiber:

Ringier.

Beilage IV.

Schweizerische Nordbahn.

Eisenbahn von Zürich längs dem Rhein, als Verbindung mit Basel, und den dort ausmündenden, französischen und grossherzoglichen badischen Eisenbahnen, auch in westlicher Richtung, vorläufig bis Arau.

Fundamental-Statuten.

§ 1. Das Capital ist auf Zwanzig Millionen französische Franken festgesetzt; es wird in vierzigtausend Aktien, jede von fünfhundert Franken, eingetheilt. Unter keinen Umständen können Actionnairs für mehr, als den Betrag ihrer Actien, in Anspruch genommen werden, und wenn der Bau mit weniger als dem vorbenannten Capital ausgeführt werden kann, so wird nur die erforderliche Summe von den Actionnairs bezogen.

§ 2. Solte es die Gesellschaft ihrem Interesse angemessen erachten, die Eisenbahn weiter fortzuführen, entweder von Arau südwestlich, oder von Zürich, mit Benutzung der Wasserstrassen nach Graubünden an den Fuss der Alpenpässe, oder überhaupt in einer anderen Richtung, so kann sie dies nach Erlangung der hoheitlichen Concessionen, auf den Antrag der Direktion, in einer dafür auszuschreibenden General-Versammlung mittelst Emission neuer Actien, beschliessen.

Über die Generalversammlungen und die Art der Abstimmung werden die definitiven Statuten das Nähere bestimmen.

§ 3. Die Einzahlungen sollen in folgender Weise stattfinden:

10 % werden gegen Aushingabe der auf Namen lautenden Aktien-Promessen an die provisorische Direktion bezahlt,

10 % werden beim Anfange des Baues bezahlt,

10 % werden vier Monathe nach der zweiten Zahlung bezahlt.

Die weitern Zahlungen werden auf den Quittungsbogen angezeigt, sie dürfen aber in keinem Falle in kürzern Terminen als 4 Monate, eine auf die andere folgen, und nie mehr als 10 % auf einmal betragen.

Säumige Aktionnairs werden in den öffentlichen Blättern aufgerufen; sie haben Verzugszinse à 5 % zu bezahlen. Falls auf Actien zwei ausgeschriebene Zahlungen ausbleiben, so werden diese Aktien für Rechnung der Gesellschaft versteigert, und die früheren Besitzer haben kein Recht, irgend eine Reklamation an die Gesellschaft zu machen.

§ 4. Die Unterzeichner von Actienpromessen sprechen durch ihre Unterschrift sowohl für sich selbst, als für alle folgenden Besitzer der Aktienpromessen, oder Aktien, ihren auf die Fundamental-Statuten gegründeten Beitritt zur Gesellschaft aus. Überdies haften dieselben für die drei ersten Einzahlungen im Gesamtbetrag von 30%.

§ 5. Während der Dauer des Baues werden den Aktionnairs von den einbezahlten Geldern 4% jährliche Zinsen vergütet.

§ 6. Nach gänzlicher Herstellung der Eisenbahn wird die reine Einnahme, welche nach Abzug sämtlicher Auslagen von den Brutto-Einnahmen übrig bleibt, folgendermassen vertheilt:
  a) Die Aktionairs erhalten 4% Jahreszinse.
  b) Von der nach Auszahlung dieser Zinse übrig bleibenden Summe werde 75% unter die Actionnairs, und
                      15% unter die Angestellten der Gesellschaft, nach dem Ermessen der Direktion, und in Betracht ihrer Leistungen und ihres Benehmens vertheilt.

              Endlich werden
        10% zur Bildung eines Reservefonds zurückgelegt, um in wenig ergiebigen Jahren die Zinsen bezahlen, oder unvorhergesehene Ausfälle decken zu können.
  c) Sobald der Reservefond die Summe von einer Million franz. Franken erreicht hat, werden, vorausgesetzt, dass diese Summe vollständig seie, die hiefür bestimmten 10% ebenfals dem unter die Actionnairs zu vertheilenden Gewinn beygefügt.

§ 7. Herr General-Direktions-Inspektor Negrelli in Wien übernimmt (unter Vorbehalt allerhöchster Genehmigung) als Ingenieur en Chef mit den ausgedehntesten Attributen, welche bey irgend einer Eisenbahn-Unternehmung auf Aktien einem Ingenieur en Chef zukommen, die technische Oberleitung des ganzen Unternehmens, worüber ein Vortrag das Nähere bestimmen wird.

§ 8. Die Dauer der Gesellschaft wird durch die Concessionen bestimmt. Für die Ausführung der Eisenbahn, vom Beginn des Baues biss zu dessen Vollendung, wird (ausserordentliche Ereignisse vorbehalten) ein Zeitraum von drey Jahren festgesetzt.

§ 9. Der Sitz der Gesellschaft ist in Zürich.

§ 10. Die unterzeichneten Stifter der Gesellschaft, Herr Martin Escher-Hess, Herr Ott-Imhof, Herr Salomon Pestalozzi, Schulthess-Landolt, und Herr Schulthess-Rechberg, sind als provisorische Direktion anerkannt. Ihre Verrichtungen sind unentgeltlich. Die zu nötigen Vorarbeiten von ihnen ausgelegten Gelder werden seinerzeit von der Gesellschaft zurückerstattet.

§ 11. Die provisorische Direktion hat das unbedingte Recht, in jeder Unterzeichnung von Actien diejenigen Reduktionen vorzunehmen, die sie dem Interesse der Gesellschaft für angemessen erachtet.

§ 12. Spätestens 6 Monate nach der ersten Zahlung wird von der provisorischen Direktion eine General-Versammlung der Actionairs einberufen, zu welcher die Einladung in allen zweckdienlich scheinenden öffentlichen Blättern des In- und Auslandes, namentlich offiziel in der allgemeinen Augsburger Zeitung bekannt gemacht werden soll.

Dieser General-Versammlung wird Bericht erstattet, und ein Entwurf der definitiven Statuten zur Berathung vorgelegt. Die vorstehenden Bestimmungen der Fundamental-Statuten dürfen jedoch in keiner Beziehung abgeändert werden.

§ 13. Biss zu jenem Zeitpunkt ertheilen die Actionairs der provisorischen Direktion, welche sich verpflichtet, gewissenhaft, und mit möglichster Sorgfalt und Umsicht die Interesse der Gesellschaft zu wahren, unbedingte Vollmacht, in ihrem Namen alle Schritte zu thun, welche sie dem Interesse der Gesellschaft angemessen findet, namentlich sich um die Concessionen zu verwenden, und gemeinschaftlich mit Herrn General-Direktions-Inspektor Negrelli alle Vorarbeiten auf Kosten der Gesellschaft an die Hand zu nehmen und möglichst zu beschleunigen.

Zürich am 2. Juni 1845.

Die Stifter der Schweizerischen Nordbahn:

M. Escher-Hess
Cd. Ott-Imhof
Salomon Pestalozzi
Schulthess-Landolt
Schulthess-Rechberg.

Vostehende Fundamentalstatuten der „Schweizerischen Nordbahn" sind von dem Regierungsrathe genehmigt worden.

Beschlossen Zürich den 9. Oktober 1845.

Vor dem Regierungsrathe:
Der zweite Staatsschreiber,
Wyss.

Beilage V.

Uebereinkunft

zwischen

der General-Post-Direktion des Kantons und
Arrondissements Zürich

und der

Direktion der schweizerischen
Nordbahn-Gesellschaft in Zürich.

§ 1. Der Berner Tageilwagen wird vom ersten August an zwischen Zürich und Baden eingestellt und der Transport der Reisenden der Eisenbahn-Unternehmung überlassen.

Die Abfahrt vom Bahnhofe in Zürich findet des Morgens um 8 Uhr statt. Ueber die Zeit der Abfahrt in Baden bleibt eine nähere Einverständigung mit der aargauischen Postverwaltung vorbehalten.

§ 2. Die Eisenbahn-Direktion verpflichtet sich, einmal täglich hin und einmal täglich zurück einen Condukteur nebst 3 Zentnern Posteffekten unentgeldlich zu befördern, was mehr ist an Gewicht als 3 Zentner, wird der Eisenbahn-Direktion zu 3 Batzen per Zentner besonders vergütet, wenn das Uebergewicht unter einem halben Zentner ist, so wird nichts dafür, wenn es einen halben Zentner übersteigt, so wird ein Zentner vergütet. Die sämmtlichen Posteffekten werden je in den beiden Bahnhöfen an die Angestellten der Postämter abgeliefert, für den Transport derselben vom Postgebäude in Zürich bis in den Bahnhof und zurück sorgt die Postverwaltung auf ihre Kosten.

Sollte die Postverwaltung vorziehen, den Aufenthalt ihrer Condukteure in Baden auf die Abgabe der Postsachen daselbst am Morgen und deren Uebernahme am Abend zu beschränken, so ist ihr gestattet, dieselben am Morgen mit dem nächsten Bahnzug nach Zürich zurück und mit dem Bahnzug vom Abend zur Abholung der Postsachen von Zürich nach Baden gehen zu lassen. Diese Zwischenfahrten der Condukteure sind unentgeldlich. Der Platz des Condukteurs ist in einem Wagen 3. Klasse.

§ 3. Während der Sommerzeit befördert die Eisenbahnunternehmung Briefsäcke ohne Valoren ausschliesslich zwischen Zürich und Baden mit jedem beliebigen Zuge unentgeldlich und lässt diese durch die Omnibus-Konducteure im Postgebäude in Zürich abholen und daselbst wieder abgeben.

§ 4. Die Direktion der schweizer. Nordbahn ist verpflichtet, während der Dauer des gegenwärtigen Vertrages einen Omnibus zu unterhalten, um die Reisenden nebst ihrem Gepäck täglich auf der Post abzuholen und zum Abgang des Bahnzuges um 8 Uhr Morgens nach dem Bahnhof zu bringen, sowie auch jene Reisenden, welche am Abend auf der Eisenbahn anlangen und mit der Post weiter zu gehen beabsichtigen, nach dem Posthof zu führen, wogegen sie die Omnibuss-Taxe, wie sie von andern Reisenden bezalt wird, für ihre Rechnung zu beziehen haben soll.

§ 5. Im Falle sich in Zukunft der Wohler-Züricher Kours in Baden oder Dietikon der Eisenbahn anschliessen sollte, so wird diese gegen Ueberlassung der Passagiere einen Kondukteur und sämmtliche Posteffekten unentgeltlich befördern.

§ 6. Ausser den in §§ 2 und 3 erwähnten Leistungen zahlt die Eisenbahn-Unternehmung dem Staate jährlich eine Summe von 1600 schweizer Franken, wodurch den Bestimmungen des § 4 des Konzessions-Beschlusses vom 26. Juni 1845 mit Bezug auf den Berner Eilwagen Genüge geleistet wird.

§ 7. Sollte durch ungewöhnlichen Schneefall oder durch Beschädigung der Bahn der Dienst auf derselben unterbrochen werden, so wird während dieser Zeit die Postverwaltung auf ihre Kosten einen Eilwagen zwischen Zürich und Baden erstellen und dagegen die Passagiergelder selbst beziehen.

§ 8. Dieser Vertrag ist vorläufig auf ein Jahr vom ersten August 1848 bis 31. Juli 1849 gültig und dauert sodann auf unbestimmte Zeit fort, mit gegenseitiger sechsmonatlicher Aufkündigung und zwar je auf den ersten Januar oder 1. July.

Zürich, den 13. July 1848.

Für die General-Post-Direktion
des Cantons und Arrondissements Zürich:

Der Staatsraths-Präsident,

sig. *M. Sulzer,*

Reg.-Rath.

Der Sekretär,

sig. *Ammann.*

Für die Direktion der schweizer. Nordbahn-Gesellschaft:

sig. *M. Escher-Hess,*

Präsident.

sig. *C. Ott-Imhof.*

Beilage VI.

Beschluss
des
Grossen Rathes des Kantons Zürich
betreffend
Ertheilung einer Konzession für eine Eisenbahn von Zürich an die Kantonsgrenze bei Gundetsweil.

Der Grosse Rath

auf den Antrag des Regierungsrathes,

nach Einsicht eines vom 30. November 1852 datirten Gesuches des für Herstellung einer Eisenbahn von Zürich über Winterthur und Frauenfeld nach Romanshorn an den Bodensee bestehenden provisorischen Ausschusses um Ertheilung einer Konzession für den Bau und den Betrieb einer Eisenbahn von Zürich über Winterthur an die Kantonsgrenze bei Gundetsweil, mit Hinsicht auf die vom Grossen Rathe des Kantons Thurgau am 8. Dezember l. J. ertheilte Konzession für den Bau und Betrieb einer Eisenbahn von Islikon über Frauenfeld bis Romanshorn, und da der Grosse Rath des Kantons Thurgau unter gleichem Datum dem Vertrage zwischen den Kantonen Zürich und Thurgau betreffend die Erstellung einer Eisenbahn von Zürich über Winterthur und Frauenfeld nach Romanshorn die Genehmigung ertheilt hat,

beschliesst:

§ 1.

Die nachgesuchte Konzession wird dem Eingangserwähnten provisorischen Ausschusse zu handen einer von ihm zu gründenden Actiengesellschaft unter den in den nachfolgenden Artikeln enthaltenen Bedingungen ertheilt, wobei übrigens gemäss § 2 des Bundesgesetzes über den Bau und Betrieb von Eisenbahnen im Gebiete der Eidgenossenschaft vom 28. Juli 1852 die Genehmigung der Schweizerischen Bundesversammlung vorbehalten bleibt.

§ 2.

Die Konzession wird für 99 auf einander folgende Jahre, welche von dem Tage an gerechnet werden, mit welchem die Bahn in ihrer ganzen Ausdehnung dem Verkehre übergeben wird, ertheilt. Nach Ablauf dieses Zeitraumes soll die Konzession nach einer dannzumal zu treffenden Uebereinkunft erneuert werden, wenn sie nicht in Folge mittlerweile eingetretenen Rückkaufes erloschen ist.

§ 3.

Der Kanton Zürich verpflichtet sich, während der nächsten 30 Jahre vom 1. Januar 1853 an gerechnet, weder eine Eisenbahn in der Richtung von Zürich über Winterthur nach Gundetsweil selbst auszuführen, noch eine Konzession für die Herstellung einer solchen Bahn zu ertheilen.

Der Kanton Zürich verpflichtet sich im fernern, falls es sich um Verleihung einer Konzession für Ausführung einer Zweigbahn oder einer sonst irgendwie in die Bahnlinie von Zürich nach Gundetsweil einmündenden Eisenbahn handeln sollte, bei übrigens gleichen Bedingungen der Gesellschaft, welcher die gegenwärtige Konzession ertheilt wird, den Vorrang vor allen Bewerbern einzuräumen.

§ 4.

Das Domizil der Gesellschaft ist in Zürich.

Die Gesellschaft kann jedoch für Verbindlichkeiten, welche in dem Kanton Thurgau eingegangen worden oder in demselben zu erfüllen sind, in Frauenfeld belangt werden und für dingliche Klagen gilt der Gerichtsstand der gelegenen Sache.

§ 5.

Die Mehrheit der Direktion und auch des weiteren Ausschusses, falls ein solcher aufgestellt wird, soll aus Schweizerbürgern, welche ihren Wohnsitz in der Schweiz haben, bestehen.

Falls die Direktion aus fünf Mitgliedern besteht, sollen mindestens zwei derselben Bürger des Kantons Zürich und wenigstens eines ein Bürger des Kantons Thurgau sein. Würde die Direktion zahlreicher bestellt, so ist diese Vertretung verhältnissmässig auszudehnen. Sollte die Direktion dagegen aus weniger als fünf Mitgliedern zusammengesetzt werden wollen, so ist sie aus drei Mitgliedern zu bestellen, unter denen sich mindestens ein Bürger des Kantons Zürich und ein Bürger des Kantons Thurgau befinden sollen.

Falls neben der Direktion noch ein weiterer Ausschuss aufgestellt wird, so sollen in demselben die beiden Kantone in analoger Weise vertreten sein.

Wenn die Direktion aus drei Mitgliedern besteht, so sollen mindestens ein Zürcherisches und ein Thurgauisches Mitglied, wenn sie aus fünf oder mehr Mitgliedern zusammengesetzt wird, wenigstens ein Thurgauisches und zwei Zürcherische Mitglieder am Domizile der Gesellschaft wohnen.

§ 6.

Die Statuten der zu gründenden Actiengesellschaft unterliegen der Genehmigung des Regierungsrathes und können nach erfolgter Gutheissung nur mit Einwilligung dieser Behörde abgeändert werden.

§ 7.

Die zu gründende Actiengesellschaft hat vor dem Beginne der Bauarbeiten einen Plan über die Eisenbahnbauten, und zwar insbesondere über die der Bahn zu gebende Richtung, die Anlegung der Bahnhöfe und Stationen, sowie die in Folge der Erstellung der Eisenbahn erforderlich werdenden Veränderungen an Strassen und Gewässern dem Regierungsrathe zur Genehmigung vorzulegen. Sollte später von dem genehmigten Bauplane abgewichen werden wollen, so ist hiefür die Zustimmung des Regierungsrathes einzuholen.

§ 8.

Binnen einer Frist von 15 Monaten, von dem Zeitpunkte der Genehmigung gegenwärtiger Konzession durch die Bundesversammlung an gerechnet, hat die Gesellschaft den Anfang mit den Erdarbeiten für die Erstellung der Bahn zu machen und sich zugleich bei dem Regierungsrathe zur Befriedigung desselben über die gehörige Fortführung der Bahnunternehmung auszuweisen. Sollte nicht innerhalb der anberaumten Frist diesen beiden Verpflichtungen ein Genüge gethan werden, so ist die gegenwärtige Konzession als erloschen zu betrachten.

§ 9.

Der Bau der Eisenbahn soll in beiden Kantonen gleichzeitig in Angriff genommen und möglichst gefördert werden.

§ 10.

Die Gesellschaft hat auf ihre Kosten die geeigneten Vorkehrungen zu treffen, damit die Kommunikation zu Land und zu Wasser, bestehende Wasserleitungen u. dgl. weder während des Baues der Bahn noch später durch Arbeiten zu dem Zwecke der Unterhaltung derselben unterbrochen werden. Für unvermeidliche Unterbrechungen ist die Zustimmung der betreffenden Behörde erforderlich.

Gerüste, Brücken und andere ähnliche Vorrichtungen, welche Behufs Erzielung einer solchen ungestörten Verbindung zu zeitweiligem Gebrauche errichtet werden, dürfen dem Verkehre nicht übergeben werden, bevor die betreffende Behörde sich von ihrer Solidität überzeugt und in Folge dessen ihre Benutzung gestattet hat. Die diesfällige Entscheidung hat jeweilen mit thunlichster Beförderung zu erfolgen. Dabei liegt jedoch immerhin, falls in Folge ungehöriger Ausführung solcher Bauten Schaden entstehen sollte, die Pflicht, denselben zu ersetzen, der Gesellschaft ob.

§ 11.

Es bleibt der Gesellschaft überlassen, die Bahn ein- oder zweispurig zu erstellen. Sollte der Regierungsrath die Anbringung eines zweiten Geleises für nothwendig halten, die Gesellschaft aber dieselbe verweigern, so wäre ein daheriger Konflikt schiedsgerichtlich auszutragen.

§ 12.

Die Bahn ist sammt dem Materiale und den Gebäulichkeiten, welche dazu gehören, auf das beste, namentlich aber auch in einer volle Sicherheit für ihre Benutzung gewährenden Weise herzustellen und sodann fortwährend in untadelhaftem Zustande zu erhalten.

§ 13.

Die Bahn darf dem Verkehre nicht übergeben werden, bevor der Regierungsrath in Folge einer mit Rücksicht auf die Sicherheit ihrer Benutzung vorgenommenen Untersuchung und Erprobung derselben in allen ihren Bestandtheilen die Bewilligung dazu erteilt hat.

Auch nachdem die Bahn in Betrieb gesetzt worden, ist der Regierungsrath jederzeit befugt, eine solche Untersuchung anzuordnen. Sollten sich dabei Mängel herausstellen, welche die Sicherheit der Benutzung der Bahn gefährden, so ist der Regierungsrath ermächtigt, die sofortige Beseitigung solcher Mängel von der Gesellschaft zu fordern und, falls von der letztern nicht entsprochen werden wollte, selbst die geeigneten Anordnungen zur Abhülfe zu treffen.

§ 14.

Die Eisenbahnunternehmung unterliegt mit Vorbehalt der in dieser Konzessionsurkunde enthaltenen Beschränkungen im übrigen gleich jeder andern Privatunternehmung den allgemeinen Gesetzen und Verordnungen des Landes.

§ 15.

Die Eisenbahngesellschaft als solche ist sowol für ihr Vermögen als für ihren Erwerb in Folge des Betriebes der Bahn von der Entrichtung aller Kantonal- und Gemeindesteuern befreit.

Diese Bestimmung findet jedoch auf Gebäulichkeiten und Liegenschaften, welche sich, ohne eine unmittelbare und nothwendige Beziehung zu der Eisenbahn zu haben, in dem Eigenthume der Gesellschaft befinden möchten, keine Anwendung.

§ 16.

Die Handhabung der Bahnpolizei liegt zunächst der Gesellschaft ob. Dabei bleiben jedoch der Polizeidirektion, beziehungsweise dem Regierungsrathe die mit der Ausübung ihres Oberaufsichtsrechtes verbundenen Befugnisse in vollem Umfange vorbehalten.

Die nähern Vorschriften betreffend die Handhabung der Bahnpolizei werden in einem von der Gesellschaft zu erlassenden, jedoch der Genehmigung des Regierungsrathes zu unterlegenden Reglemente aufgestellt.

§ 17.

Die Beamteten und Angestellten der Gesellschaft, welchen die Ausübung der Bahnpolizei übertragen wird, müssen mindestens zur Hälfte Schweizerbürger sein.

8

Sie sind von der Polizeidirektion für getreue Pflichterfüllung ins Handgelübde zu nehmen. Während sie ihren Dienstverrichtungen obliegen, haben sie in die Augen fallende Abzeichen zu tragen.

Es steht ihnen die Befugniss zu, solche, welche den Bahnpolizeivorschriften zuwider handeln sollten, im Betretungsfalle sofort festzunehmen. Sie haben dieselben dann jedoch sofort an die betreffenden Vollziehungsbeamteten, welche die weiter erforderlichen Massregeln ergreifen werden, abzuliefern.

Wenn die Polizeidirektion die Entlassung eines Bahnpolizeiangestellten wegen Pflichtverletzung verlangt, so muss einem solchem Begehren, immerhin jedoch unter Vorbehalt des Rekurses an den Regierungsrath, entsprochen werden.

§ 18.

Wenn nach Erbauung der Eisenbahn neue Strassen, Kanäle oder Brunnenleitungen, welche die Bahn kreuzen, von Staats- oder Gemeindswegen angelegt werden, so hat die Gesellschaft für die daherige Inanspruchnahme ihres Eigenthums sowie für die Vermehrung der Bahnwärter und Bahnwarthäuser, welche dadurch nothwendig gemacht werden dürfte, keine Entschädigung zu fordern. Dagegen fällt die Herstellung sowie die Unterhaltung auch derjenigen Bauten, welche in Folge der Anlage solcher Strassen, Kanäle u. s. w. zu dem Zwecke der Erhaltung der Eisenbahn in ihrem unverkümmerten Bestande erforderlich werden, ausschliesslich dem Staate, beziehungsweise den betreffenden Gemeinden zur Last.

§ 19.

Die Beförderung der Personen auf der Eisenbahn soll zwischen Zürich und Winterthur und umgekehrt wenigstens 4 Mal, zwischen Zürich und der Kantonsgrenze und umgekehrt mindestens 2 Mal täglich Statt finden.

§ 20.

Der Transport auf der Eisenbahn findet vermittelst Personenzügen und je nach Bedürfniss auch vermittelst Waarenzügen Statt.

§ 21.

Die Personenzüge sollen mit einer mittlern Geschwindigkeit von mindestens 5 Wegstunden in einer Zeitstunde transportirt werden.

§ 22.

Waaren, welche mit den Waarenzügen transportirt werden sollen, sind spätestens innerhalb der nächsten 2 Tage nach ihrer Ablieferung auf die Bahnstation, den Ablieferungstag selbst nicht eingerechnet, zu spediren, es wäre denn, dass der Versender eine längere Frist gestatten würde.

Waaren, die mit den Personenzügen transportirt werden

sollen, sind, wenn nicht ausserordentliche Hindernisse eintreten, mit dem nächsten Zuge dieser Art zu befördern. Zu diesem Ende hin müssen sie aber mindestens eine Stunde vor dem Abgange desselben auf die Bahnstation gebracht werden.

§ 23.

Für die Beförderung der Personen vermittelst der Personenzüge werden mindestens 3 Wagenklassen aufgestellt. Die Wagen sämmtlicher Klassen müssen zum Sitzen eingerichtet und mit Fenstern versehen sein.

Es sollen auch mit Waarenzügen Personen befördert werden können.

§ 24.

Die Gesellschaft wird ermächtigt, für den Transport von Personen vermittelst der Personenzüge Taxen bis auf den Betrag folgender Ansätze zu beziehen:

In der 1. Wagenklasse bis auf Fr. 0,50 pr. Schweizerstunde der Bahnlänge.

„   „ 2.   „   „   „   „ 0,35 „   „   „
„   „ 3.   „   „   „   „ 0,25 „   „   „

Kinder unter 10 Jahren zahlen in allen Wagenklassen die Hälfte.

Für das Gepäck der Passagiere, worunter aber kleines Handgepäck, das kostenfrei befördert werden soll, nicht verstanden ist, darf eine Taxe von höchstens Fr. 0,12 per Centner und Stunde bezogen werden.

Die Taxe für die mit Waarenzügen beförderten Personen soll niedriger sein als die für die Reisenden mit den gewöhnlichen Personenzügen festgesetzte.

§ 25.

Für den Transport von Vieh mit Waarenzügen dürfen Taxen bis auf den Betrag folgender Ansätze bezogen werden:

Für Pferde, Maulthiere und Esel, das Stück bis auf Fr. 0,80 pr. St.
Für Stiere, Ochsen und Kühe, das Stück bis auf Fr. 0,40 pr. St.
Für Kälber, Schweine, Schafe,
     Ziegen und Hunde, das Stück bis auf Fr. 0,15 pr. St.

Die Taxen sollen für den Transport von Heerden, welche mindestens einen Transportwagen füllen, angemessen ermässigt werden.

§ 26.

Die höchste Taxe, die für den Transport eines Centners Waare vermittelst der gewöhnlichen Waarenzüge pr. Stunde bezogen werden darf, beträgt Fr. 0.05.

Für den Transport von baarem Gelde soll die Taxe so berechnet werden, dass für Fr. 1000 pr. Stunde höchstens Fr. 0,05 zu bezahlen sind.

§ 27.

Für Wagen setzt die Gesellschaft die Transporttaxe nach eigenem Ermessen fest.

§ 28.

Wenn Vieh und Waaren mit Personenzügen transportirt werden sollen, so darf die Taxe für Vieh bis auf 40 % und diejenige der Waaren bis auf 100 % der gewöhnlichen Taxe erhöht werden.

Für Traglasten mit landwirthschaftlichen Erzeugnissen, welche von den mit einem Personenzuge reisenden Trägern in demselben Zuge, wenn auch in einem andern Transportwagen mitgenommen und am Bestimmungsorte sogleich wieder in Empfang genommen worden, ist jedoch nicht diese erhöhte, sondern nur die gewöhnliche Waarentaxe zu bezahlen.

Die Gesellschaft ist berechtigt, zu bestimmen, dass Waarensendungen bis zu $\tilde{u}$ 50 stets mit den Personenzügen befördert werden sollen.

§ 29.

Bei der Berechnung der Taxen werden Bruchtheile einer halben Stunde für eine ganze halbe Stunde, Bruchtheile eines halben Centners für einen ganzen halben Centner, Bruchtheile von Fr. 500 bei Geldsendungen für volle Fr. 500 angeschlagen und überhaupt nie weniger als Fr. 0,25 für eine zum Transporte aufgegebene Sendung in Ansatz gebracht.

§ 30.

Die in den vorhergehenden Artikeln aufgestellten Taxbestimmungen beschlagen bloss den Transport auf der Eisenbahn selbst, nicht aber denjenigen nach den Stationshäusern der Eisenbahn und von denselben hinweg.

§ 31.

Die Gesellschaft ist verpflichtet, Militär, welches im Kantonaldienste steht, sowie dazu gehörendes Kriegsmaterial auf Anordnung der zuständigen Militärstelle um die Hälfte der niedrigsten bestehenden Taxe durch die ordentlichen Personenzüge zu befördern.

Jedoch haben die betreffenden Kantone die Kosten, welche durch ausserordentliche Sicherheitsmassregeln für den Transport von Pulver und Kriegsfeuerwerk veranlasst werden, zu tragen und für Schaden zu haften, der durch Beförderung der letzterwähnten Gegenstände ohne Verschuldung der Eisenbahnverwaltung oder ihrer Angestellten verursacht werden sollte.

§ 32.

Die Gesellschaft ist verpflichtet, auf Anordnung der zuständigen Polizeistelle solche, welche auf Rechnung des Kantons Zürich oder Thurgau polizeilich zu transportieren sind, auf der Eisenbahn zu befördern.

Die Bestimmung der Art des Transportes sowie der für denselben zu entrichtenden Taxen bleibt späterer Vereinbarung vorbehalten. Immerhin sollen die Taxen möglichst billig festgesetzt werden.

§ 33.

Wenn die Bahnunternehmung 3 Jahre nach einander einen 10 % übersteigenden Reinertrag abwirft, so ist der Betrag der Transporttaxen, der laut den Bestimmungen dieser Konzessionsurkunde in dem von der Gesellschaft aufzustellenden Tarife nicht überschritten werden darf, gemäss einer zwischen dem Regierungsrathe und der Gesellschaft zu treffenden Vereinbarung herabzusetzen. Kann eine solche Verständigung nicht erzielt werden, so tritt schiedsgerichtliche Entscheidung ein.

§ 34.

Soweit der Bund nicht bereits von dem Rückkaufsrechte Gebrauch gemacht oder von demselben Gebrauch machen zu wollen erklärt hat, ist der Kanton Zürich berechtigt, die Eisenbahn sammt dem Material, den Gebäulichkeiten und den Vorräthen, welche dazu gehören, mit Ablauf des 30., 45., 60., 75., 90. und 99. Jahres, von dem Zeitpunkte der Eröffnung ihres Betriebes auf der ganzen Bahnstrecke an gerechnet, gegen Entschädigung an sich zu ziehen, falls er die Gesellschaft jeweilen 4 Jahre und 10 Monate zum voraus hievon benachrichtigt hat. Von diesem Rückkaufsrechte darf jedoch nur Gebrauch gemacht werden, falls die ganze Bahn auf dem Züricherischen und Thurgauischen Gebiete der Gesellschaft abgenommen wird.

§ 35.

Kann eine Verständigung über die zu leistende Entschädigungssumme nicht erzielt werden, so wird die letztere schiedsgerichtlich bestimmt.

Für die Ausmittlung der zu leistenden Entschädigung gelten folgende Bestimmungen

a) Im Falle des Rückkaufs im 30., 45. und 60. Jahre ist der 25 fache Werth des durchschnittlichen Reinertrages derjenigen 10 Jahre, die dem Zeitpunkte, in welchem der Kanton Zürich den Rückkauf erklärt, unmittelbar vorangehen, im Falle des Rückkaufes im 75. Jahre der $22^{1}/_{2}$ fache und im Falle des Rückkaufes im 90. Jahre der 20 fache Werth dieses Reinertrages zu bezahlen, immerhin jedoch in der Meinung, dass die Entschädigungssumme in keinem Falle weniger als das ursprüngliche Anlagekapital betragen darf. Von dem Reinertrage, welcher bei dieser Berechnung zu Grunde zu legen ist, sind übrigens Summen, welche auf Abschreibungsrechnung getragen oder einem Reservefond einverleibt werden, in Abzug zu bringen.

b) Im Falle des Rückkaufes im 99. Jahre ist die muthmassliche Summe, welche die Erstellung der Bahn und die Einrichtung derselben zum Betriebe in diesem Zeitpunkte kosten würde, als Entschädigung zu bezahlen.

c) Die Bahn sammt Zubehörde ist jeweilen, zu welchem Zeitpunkte auch der Rückkauf erfolgen mag, in vollkommen befriedigendem Zustande dem Kanton Zürich abzutreten. Sollte dieser Verpflichtung kein Genüge gethan werden, so ist ein verhältnissmässiger Betrag von der Rückkaufssumme in Abzug zu bringen. Streitigkeiten, die hierüber entstehen möchten, sind schiedsgerichtlich auszutragen.

§ 36.

Nach Vollendung der Bahn ist eine Rechnung über die gesammten Kosten sowol der Anlage derselben als auch ihrer Einrichtung zum Betriebe theils dem Archive des Standes Zürich theils demjenigen der Gesellschaft einzuverleiben.

Wenn später entweder weitere Bauarbeiten, welche nicht bloss zur Unterhaltung der Bahn dienen, ausgeführt werden, oder das Betriebsmaterial vermehrt wird, so sind auch Rechnungen über die dadurch veranlassten Kosten in die beiden erwähnten Archive niederzulegen.

In diese den Archiven einzuverleibenden Rechnungen ist jeweilen die Anerkennung der Richtigkeit derselben sowohl von Seite des Regierungsrathes als auch von Seite der Gesellschaft einzutragen.

§ 37.

Die Gesellschaft ist verpflichtet, alljährlich den Jahresbericht ihrer Direktion, eine Uebersicht der Jahresrechnung und einen Auszug aus dem Protokolle über die während des betreffenden Jahres von der Generalversammlung gepflogenen Verhandlungen dem Regierungsrathe einzusenden.

§ 38.

Ausser den in den Art. 11, 33 und 35 vorgesehenen Fällen sind im weitern alle Streitigkeiten privatrechtlicher Natur, welche sich auf die Auslegung dieser Konzessionsurkunde beziehen, schiedsgerichtlich auszutragen.

§ 39.

Für die Entscheidung der gemäss den Bestimmungen dieser Konzessionsurkunde auf schiedsgerichtlichem Wege auszutragenden Streitfälle wird das Schiedsgericht jeweilen so zusammengesetzt, dass jeder Theil zwei Schiedsrichter erwählt und von den letztern ein Obmann bezeichnet wird. Können sich die Schiedsrichter über die Person des Obmanns nicht vereinigen, so bildet das Bundesgericht einen Dreiervorschlag, aus welchem zuerst der Kläger und hernach der Beklagte je einen der Vorgeschlagenen zu streichen hat. Der übrig bleibende ist Obmann des Schiedsgerichtes.

§ 40.

Der Regierungsrath ist mit den in Folge der Ertheilung dieser Konzession erforderlichen Vorkehrungen beauftragt.

Zürich, den 21. Christmonat 1852.

Im Namen des Grossen Rathes:

Der Präsident,
Dr. A. Escher.

Der erste Sekretär,
Hagenbuch.

Beilage VII.

Fusionsvertrag

zwischen der

Zürich-Bodensee-Eisenbahngesellschaft

und der

schweizerischen Nordbahngesellschaft.

Zwischen der Zürich-Bodensee-Eisenbahngesellschaft und der Schweizerischen Nordbahn-Gesellschaft ist nachfolgender Vertrag abgeschlossen worden.

§ 1.

Die Zürich-Bodensee-Eisenbahngesellschaft und die Schweizerische Nordbahn-Gesellschaft vereinigen ihre beidseitigen Unternehmungen zu einer beide umfassenden Gesammtunternehmung und bilden in Folge dessen in Zukunft nur Eine Gesellschaft, welche den Namen: „Schweizerische Nordostbahngesellschaft" annimmt.

§ 2.

Von Seite der Nordbahn-Gesellschaft wird diese Vereinigung in der Weise eingeleitet, dass den Actionärs freigestellt wird, entweder der vereinigten Nordostbahn-Gesellschaft beizutreten oder sich von der letztern vermittelst Obligationen auskaufen zu lassen. Dabei wird jedoch für den Fall, dass der Beitritt zu der vereinigten Nordostbahn-Gesellschaft wider Erwarten nicht für 12,500 oder mehr Nordbahnactien erklärt würde, der Zürich-Bodensee-Eisenbahngesellschaft vorbehalten, von diesem Vertrage ohne weiters zurückzutreten.

§ 3.

Von Seite der Zürich-Bodensee-Eisenbahngesellschaft wird die Vereinigung auf dem durch die §§ 3 und 24 ihrer Statuten für Verschmelzungen mit andern Bahnunternehmungen vorgesehenen Wege bewerkstelligt.

§ 4.

Jede Interimsactie (Quittungsbogen) der Zürich-Bodensee-Eisenbahn und jede Interimsactie der Nordbahn, für welche der Beitritt zu der vereinigten Nordostbahn-Gesellschaft Statt findet, wird, sobald die Vereinigung ins Leben tritt, zu je einer Interimsactie der vereinigten Nordostbahn.

Die für die Interimsactien der Zürich-Bodensee-Bahn und der Nordbahn bestehende Verpflichtung, bis auf Frkn. 500 einzuzahlen, bleibt dieselbe für die Interimsactien der vereinigten Nordostbahn.

Einzahlungen, die bis zu dem Zeitpunkte der Vereinigung auf den Interimsactien der Zürich-Bodensee-Bahn und auf denjenigen der Nordbahn, für welche der Beitritt zu der vereinigten Nordostbahn-Gesellschaft Statt findet, geleistet sein werden, sollen in ihrem vollen Betrage als auf die Interimsactien der vereinigten Nordostbahn erfolgt angesehen werden.

§ 5.

Die Interimsactien der Zürich-Bodensee-Bahn und der Nordbahn werden nach Massgabe des vorhergehenden Paragraphen zu Interimsactien der vereinigten Nordostbahn-Gesellschaft, ohne dass eine Umtauschung derselben gegen neue, auf die vereinigte Nordostbahn-Gesellschaft lautende Interimsactien oder die Beobachtung irgend einer andern Förmlichkeit Statt zu finden hätte.

Weitere Einzahlungen werden von der vereinigten Nordostbahn Gesellschaft auf den alten Interimsactien bescheinigt.

Erst bei Anlass der letzten Einzahlung werden dann diese Interimsactien gegen Actien, welche auf die vereinigte Nordostbahn-Gesellschaft lauten, ausgewechselt.

§ 6.

Während der Dauer des Baues der Nordostbahn werden die auf die Actien gemachten Einzahlungen zu 4 vom 100 im Jahre verzinset. Diese Bestimmung bezieht sich auf alle Actien der Nordostbahn-Gesellschaft ohne Unterschied, gleichviel ob sie von der Zürich-Bodensee-Bahn oder von der Nordbahn herrühren.

§ 7.

Die Interimsactien der Nordbahn, für welche ihre Inhaber nicht der vereinigten Nordostbahn-Gesellschaft beitreten, sondern sich durch Obligationen auskaufen lassen wollen (§ 2), werden, sobald die Vereinigung ins Leben tritt, gegen Obligationen ausgetauscht, welche auf die vereinigte Nordostbahn-Gesellschaft als Schuldner zu lauten haben, zu 3% im Jahre zu verzinsen sind und deren Rückzahlung vom vollendeten 3. bis und mit dem 13. Jahre nach Eröffnung des Eisenbahnbetriebes auf der ganzen Strecke vom Bodensee bis Aarau in jährlichen ungefähr gleichen Quoten erfolgen soll, jedoch, falls die vereinigte Nordostbahn-Gesellschaft es vorziehen würde, auch vor den hier aufgestellten Terminen und in grössern Quoten, als sie hier vorgeschrieben sind, bewerkstelligt werden kann.

§ 8.

Sobald die Vereinigung der beiden mit einander kontrahirenden Gesellschaften ins Leben tritt, gehen alle und jede Rechte und Verpflichtungen derselben auf die vereinigte Nordostbahn-Gesellschaft über.

Dabei bleibt übrigens in Betreff der von der Nordbahn-Gesellschaft auf die vereinigte Nordostbahngesellschaft übergehenden Verpflichtungen die Vorschrift des folgenden Paragraphen vorbehalten und in Betreff der von jener Gesellschaft auf diese übergehenden Rechte findet die Beschränkung Statt, dass von der auf dem Amortisationskonto der Nordbahn-Gesellschaft erscheinenden, von der Annullirung derjenigen Actien, auf welche weitere Einzahlungen nicht geleistet wurden, herrührenden Summe von Frkn. 453.200 nur Frkn. 209,322 oder der Überschuss der Baukosten der Bahnstrecke Zürich-Baden über den Betrag der bisherigen Einzahlungen auf den noch in Kraft befindlichen Nordbahnactien hinaus der vereinigten Nordostbahn-Gesellschaft zukommen sollen, dagegen die restirenden Frkn. 243,878 nach Abzug dessen, was etwa, um der Vorschrift des folgenden Paragraphen zu genügen, erforderlich sein möchte, den Inhabern der Nordbahnactien, für welche der Beitritt zu der vereinigten Gesellschaft Statt findet, in der Weise vorbehalten bleiben, dass die bei gleicher Vertheilung jener Summe auf die letztern Actien sich ergebende Quote den Inhabern dieser Actien anlässlich der ersten nach der Vereinigung der beiden kontrahirenden Gesellschaften erfolgenden Einzahlung von der vereinigten Nordostbahn-Gesellschaft als empfangen in Anrechnung gebracht wird.

Der gegenwärtige Vertrag findet auf die Unterstützungs- und die Krankenkasse der Nordbahn-Gesellschaft keine Anwendung.

§ 9.

Bevor die Vereinigung ins Leben tritt, hat die Nordbahn-Gesellschaft der Zürich-Bodensee-Eisenbahngesellschaft dafür Sicherheit zu verschaffen, dass
1) nachdem die Vereinigung gemäss dem gegenwärtigen Vertrage vollzogen sein wird, keinerlei Einsprachen gegen die Zulässigkeit derselben von Actionären der Nordbahn mit Aussicht auf Erfolg mehr erhoben werden können,
2) die vereinigte Nordostbahn-Gesellschaft keinerlei andere Leistungen als die in den §§ 4, 6, 7 und 8 lemma 2 des gegenwärtigen Vertrages vorgesehenen gegenüber den Actionären der Nordbahn zu erfüllen haben werde.

Sollte die Zürich-Bodensee-Eisenbahngesellschaft hiefür nicht in einem ihr als genügend erscheinenden Masse sicher gestellt werden, so ist sie berechtigt, von diesem Vertrage ohne weiters zurückzutreten.

§ 10.

Der gegenwärtige Vertrag ist, soweit er Veränderungen in den Statuten der Zürich-Bodensee-Eisenbahngesellschaft und der Nordbahn-Gesellschaft enthält, der Genehmigung der Regierungen der h. Stände Zürich, Aargau und Thurgau zu unterstellen und kann erst, nachdem diese Genehmigung allseitig erfolgt ist, ins Leben treten.

§ 11.

Sobald die in den §§ 2, 9 und 10 berührten Verhältnisse geordnet sind, ist die erste Generalversammlung der vereinigten Nordostbahn-Gesellschaft zu veranstalten. Die Einladung zu derselben soll wenigstens 14 Tage vor dem Versammlungstage veröffentlicht werden.

§ 12.

Dieser ersten Generalversammlung soll ein Entwurf zu Statuten für die vereinigte Nordostbahn-Gesellschaft vorgelegt werden, welchen eine Kommission von 16 Mitgliedern, die zur Hälfte von dem Verwaltungsrathe der Zürich-Bodensee-Eisenbahngesellschaft, zur Hälfte von der Direktion und dem Ausschusse der Nordbahn-Gesellschaft aus der Mitte der Gesellschaftsbehörden je der betreffenden Bahnunternehmung gewählt werden, auszuarbeiten hat.

§ 13.

Die in dem vorhergehenden Paragraphen erwähnte Kommission bezeichnet bei ihrem ersten Zusammentritte ein Mitglied aus ihrer Mitte, welches theils ihr selbst vorzustehen, theils als Interimspräsident die erste Generalversammlung der vereinigten Nordostbahn-Gesellschaft bis zur Wahl eines definitiven Präsidenten zu leiten hat.

Die Kommission bestellt ein provisorisches Actuariat sowohl für ihre eigenen Sitzungen als für die erste Generalversammlung.

§ 14.

In der ersten Generalversammlung der vereinigten Nordostbahn-Gesellschaft hat,

wer 1—6 Interimsactien der Zürich-Bodensee-Bahn oder Interimsactien der Nordbahn, für welche der Beitritt zu der vereinigten Nordostbahn-Gesellschaft Statt findet, besitzt 1 Stimme,

„ 7—15 solcher Interimsactien besitzt 2 Stimmen,
„ 16—30 „   „   „   3   „
„ 31—50 „   „   „   4   „

und wer je weitere 25 Actien besitzt, jeweilen 1 Stimme mehr. Abwesende können sich durch andere Actionäre vertreten lassen, jedoch dürfen von derselben Person nicht mehr als 100 Stimmen, sei es in ihrem eigenen Namen oder mit Prokura, abgegeben werden.

Die Ausgabe der Eintritts- und Stimmkarten für diese Versammlung geschieht auf Anordnung der in dem § 13 bezeichneten Kommission.

§ 15.

Bei allen Verhandlungsgegenständen der ersten Generalversammlung der vereinigten Nordostbahn-Gesellschaft entscheidet die absolute Mehrheit der in derselben abgegebenen Stimmen.

§ 16.

In der ersten Generalversammlung der vereinigten Nordostbahn-Gesellschaft werden vorerst die Statuten für die letztere beschlossen und hierauf sofort die gemäss diesen Statuten vorzunehmenden Wahlen der Gesellschaftsbehörden getroffen.

§ 17.

Die Statuten der vereinigten Nordostbahn-Gesellschaft sollen jedenfalls folgende Bestimmungen enthalten:

1) Der Zweck der Nordostbahn-Gesellschaft ist die Herstellung einer Eisenbahnverbindung von Zürich mit dem Bodensee in Romanshorn, mit Basel, sei es längs des Rheines, sei es in einer andern den Interessen der östlichen Schweiz möglichst entsprechenden Weise, sowie mit Aarau, beziehungsweise dem Westen der Schweiz.

2) Vereinbarung über Veränderungen in den bestehenden Konzessionsbestimmungen mit den betreffenden Staatsbehörden, Ausdehnung der von den beiden kontrahirenden Gesellschaften zunächst angestrebten Bahnunternehmungen, Verschmelzung mit andern Bahnunternehmungen und Herstellung von Kommunikationsmitteln zur Erleichterung des Betriebes der Nordostbahn bleiben der Gesellschaft, beziehungsweise den durch die Statuten im einzelnen hiezu zu ermächtigenden Organen derselben vorbehalten.

3) Die weitern Einzahlungen auf die Actien der vereinigten Nordostbahn werden nach Bedarf in Raten von höchstens 20% eingefordert. Die Aufforderung zu jeder weitern Einzahlung muss mindestens 4 Wochen vor dem betreffenden Zahlungstermine veröffentlicht werden. Von einer Einzahlung zur folgenden soll jeweilen ein Zwischenraum von wenigstens 3 Monaten Statt finden.

4) Wenn ein Actionär eine Einzahlung nicht an dem dafür festgesetzten Tage leistet, so bezahlt er 5% per Jahr Verzugszins. Nach jedem Einzahlungstermine werden die Nummern der Actien, für welche die Einzahlung nicht geleistet worden ist, unter nochmaliger Zahlungsaufforderung veröffentlicht. Wird die rückständige Zahlung nicht innerhalb 8 Wochen vom Einzahlungstermine an erlegt, so wird der betreffende Quittungsbogen annullirt und die bis dahin geleisteten Einzahlungen fallen dem Gesellschaftsfond zu.

5) Unter keinen Umständen können die Actionärs für mehr als den Betrag ihrer Actien in Anspruch genommen werden.

§ 18.

Die Vereinigung tritt mit dem 1. Juli l. J. oder, falls diess in Folge der in den §§ 2, 9 und 10 enthaltenen Bestimmungen nicht möglich sein sollte, mit dem auf die erste Generalversammlung der vereinigten Nordostbahn-Gesellschaft (§ 11) zunächst folgenden Montage ins Leben. Würde die Vereinigung auch erst nach dem 1. Juli vollzogen werden können, so soll sie dessenungeachtet nachträglich in jeglicher Richtung auf diesen Zeitpunkt zurückgeführt werden und somit z. B. die Verzinsung des Einzahlungsbetrages der Nordbahnactien, für welche der Beitritt zu der vereinigten Unternehmung erklärt worden, zu 4 % (§ 6) sowie die Verzinsung der gegen die Nordbahn-Interimsactien ausgetauschten Obligationen zu 3 % (§ 7) vom 1. Juli an laufen, hinwieder aber auch angenommen werden, es sei der Betrieb der Bahnstrecke Zürich-Baden von dem gleichen Zeitpunkte an für Rechnung der vereinigten Nordostbahn-Gesellschaft geschehen.

Bis zum 30. Juni l. J. hat die Nordbahn-Gesellschaft die Bahnstrecke Zürich-Baden zu Lasten ihrer Betriebsrechnung in untadelhaftem Zustande zu unterhalten, wie hinwieder der Nettoertrag des Betriebes dieser Bahnstrecke bis und mit dem 30. Juni, und zwar sowol derjenige des mit dem 30. Juni zu Ende gehenden Rechnungsjahres als, was etwa von dem Nettoertrage früherer Rechnungsjahre unvertheilt geblieben ist, ausschliesslich den Actionären der Nordbahn-Gesellschaft zukömmt.

Der Verwaltungsrath und die Direktion der Zürich-Bodensee-Eisenbahngesellschaft sowie der Ausschuss und die Direktion der Nordbahn-Gesellschaft setzen ihre Verrichtungen innerhalb der Schranken der beidseitigen Gesellschaftsstatuten bis zu dem Tage fort, an welchem die Vereinigung der beiden kontrahirenden Gesellschaften ins Leben tritt. Mit diesem Tage beginnen die Gesellschaftsbehörden der vereinigten Nordostbahn-Gesellschaft (§ 16) nach Massgabe der für die letztere aufgestellten Statuten ihre Wirksamkeit.

§ 19.

Sollten wider Erwarten Streitigkeiten über den Inhalt dieses Vertrages zwischen den beiden Kontrahenten entstehen, so sind dieselben durch ein Schiedsgericht auszutragen, welches folgendermassen zusammengesetzt wird: Jeder Theil wählt zwei Schiedsrichter, welche hinwieder einen Obmann ernennen. Können sich die Schiedsrichter über die Person des Obmanns nicht verständigen, so ist der jeweilige Präsident des Bundesgerichtes zu ersuchen, einen Dreiervorschlag für die Besetzung der Obmannstelle zu bilden. Aus diesem Dreiervorschlage streicht jeder Theil je einen Vorgeschlagenen. Der übrig Bleibende ist Obmann des Schiedsgerichts.

Obigem Vertrage ertheilen ihre Zustimmung

Die Abgeordneten der
schweizerischen
Nordbahngesellschaft:
Cd. Ott-Imhof.
Cd. Escher-Bodmer.
Zürich, den 29. April 1853.

Die Abgeordneten der
Zürich-Bodensee-
Eisenbahngesellschaft:
Dr. *A. Escher.*
Dr. *B. Hildebrand.*

Obigem Vertrage ertheilt die Genehmigung, unter Vorbehalt der Ratifikation des Ausschusses und der Generalversammlung
Zürich den 30. April 1853.

Für die Direktion der schweizerischen
Nordbahngesellschaft:
M. Escher-Hess,
Präsident.
G. von Wyss,
Mitglied der Direktion.

Obigem Vertrage ertheilt die Genehmigung, unter Vorbehalt der Ratifikation des Verwaltungsrathes und der Generalversammlung
Zürich, den 1. Mai 1853.

Für die Direktion der Zürich-Bodensee-
Eisenbahngesellschaft:
Dr. *A. Escher,*
Präsident.
Dr. *Kern,*
Mitglied der Direktion.

Obigem Vertrage ertheilt unter Vorbehalt der Ratifikation der Generalversammlung die Genehmigung
Zürich, den 7. Mai 1853.

Für den Verwaltungsrath der
Zürich-Bodensee-Eisenbahngesellschaft:
Dr. *A. Escher,*
Präsident.

Obigem Vertrage ertheilt unter Vorbehalt der Ratifikation der Generalversammlung die Genehmigung
Zürich, den 7. Mai 1853.

Für den Ausschuss der Schweizerischen
Nordbahngesellschaft:
Ed. Sulzer,
Präsident.
C. von Schwerzenbach,
Sekretär.

www.ingramcontent.com/pod-product-compliance
Lightning Source LLC
Chambersburg PA
CBHW020115170426
43199CB00009B/540